W0281458

LOIS BLYTH

Das Geheimnis des Glücks

ÜBERSETZT VON KERSTIN FIEBIG

LOIS BLYTH

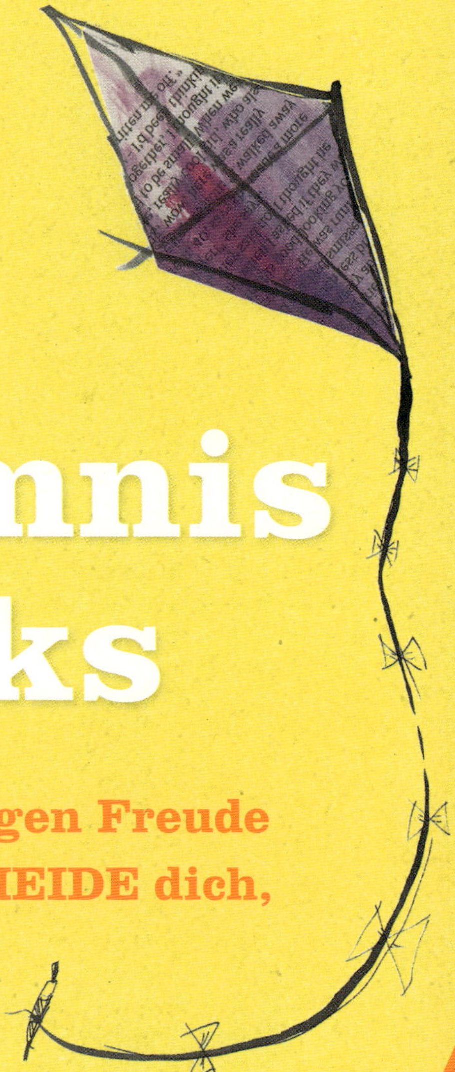

Das Geheimnis des Glücks

Tausche Sorgen und Ängste gegen Freude und Zufriedenheit und ENTSCHEIDE dich, glücklich zu leben.

LACHE · LIEBE · LEBE

Lüchow

Erstausgabe in Großbritannien unter dem Originaltitel
»The Secret of Happiness«
© 2013 by Cico Books, an imprint of Ryland and Peters & Small Limited,
20-21 Jockey's Fields, London WCIR 4BW,
All rights reserved
www.cicobooks.com

© der deutschen Ausgabe
Lüchow in J. Kamphausen Mediengruppe GmbH, Bielefeld

ISBN 978-3-89901-804-2

Illustrationen	Amy Louise Evans
Gestaltung der deutschen Ausgabe	Kerstin Fiebig | ad department *(in Anlehnung an die Gestaltung des Originals von 'Teo Connor Studios')*
Übersetzung	Kerstin Fiebig
Lektorat	Anne Petersen
Druck und Verarbeitung	Westermann Druck Zwickau GmbH

www.weltinnenraum.de

1. Auflage 2014

Bibliografische Information der Deutschen Nationalbibliothek:
Die Deutsche Nationalbibliothek verzeichnet diese Publikation
in der Deutschen Nationalbibliografie; detaillierte bibliografische
Daten sind im Internet über http://dnb.d-nb.de abrufbar.

Diese Buch wurde auf 100% Altpapier gedruckt und ist alterungsbeständig.
Weitere Informationen hierzu finden Sie unter *www.weltinnenraum.de*

100%
RECYCLINGPAPIER

Alle Rechte der Verbreitung, auch durch Funk, Fernsehen
und sonstige Kommunikationsmittel, fotomechanische oder vertonte Wiedergabe
sowie des auszugsweisen Nachdrucks vorbehalten.

Inhalt

*

Einführung

Glück ist rätselhaft. Je mehr wir dessen habhaft werden wollen, desto flüchtiger wird es. Und doch kann es uns, wenn wir es am wenigsten erwarten, behaglich umhüllen und einen einzigen Moment über alle Maßen wertvoll und kostbar sein lassen. Das Gefühl von Glück hat die Kraft, unser gesamtes Sein zu erhellen. Es ist elementar. Es kann durch eine Kleinigkeit ausgelöst werden. Laut einiger Wissenschaftler hat es Heilkräfte und kann unser Leben verlängern. Glück ist das, wonach wir alle suchen, um unser Leben zu komplettieren... und es ist so, wie mit der Luft, die wir atmen: Wir wissen nicht, dass wir es brauchen – es sei denn, es ist plötzlich weg. Glück macht uns zufrieden und lebendig.

Warum sind manche Menschen glücklich und manche nicht? Einige Menschen können noch so gesund und reich sein und fühlen sich trotzdem allein und unglücklich. Werden wir glücklich geboren? Können wir lernen, glücklich zu sein? Woher kommt Glück und wie können wir ein glücklicheres und zufriedeneres Leben führen? Es gibt nicht den einen einzigen Weg zum Glück, da jede/r die Welt ein wenig anders sieht, ist auch der Weg zur Zufriedenheit einzigartig.

Glück haben wollen ist einfach. Die Schwierigkeit, es ins eigene Leben einzuladen, liegt für einige darin, sich gegen das Unglücklichsein zu entscheiden und sich stattdessen mit ganzem Herzen und voller Überzeugung dem Glücklichsein zuzuwenden – weil sie es wollen und verdienen. Die Herausforderung für andere wiederum ist, sich aktiv aus ihrer Komfortzone und Vertrautheit heraus zu bewegen, um so neue Dinge zu erleben, die ihr Leben verändern und bereichern.

Glücklichsein verlangt von dir, die Dinge in deinem Leben mit anderen Augen zu betrachten. Dazu gehört auch der Wille, die Vergangenheit ruhen zu lassen und zu begreifen, dass die Dinge nicht *dir* passieren – sie passieren einfach. Nicht, weil du ihnen dabei geholfen hast zu passieren, oder du gerade zu einer bestimmten Zeit an einem bestimmten Ort warst. Persönliche Enttäuschungen und Tragödien können dein Leben zum Stillstand kommen lassen – für Jahre. Aber sogar in unseren dunkelsten Stunden können wir uns dafür entscheiden, den Streif am Horizont zu sehen, der uns das Versprechen auf glücklichere Zeiten gibt – wenn wir wollen!

Das Geheimnis des Glücks vermittelt dir einen freudvolleren Zugang zum Leben und Denken und dieser Wandel kann deinen Blick auf die Welt verändern. Das Buch zeigt dir einfache Dinge, für die du dich bewusst entscheiden kannst: *Jetzt* ist es an der Zeit, glücklicher zu werden. Es zeigt dir Strategien, dein Herz zu wärmen und deinen Geist für die außerordentliche Kraft des Glücks zu öffnen. Es teilt Erfahrungen von anderen Menschen und stellt dir eine ,Glücksformel' zur Verfügung (zumindest etwas, dass nah an eine Formel herankommt). Die gute Nachricht: Jeder kann glücklich sein. Glück hat die Kraft, dein Leben umzukrempeln, zu heilen und wiederherzustellen.

Das Geheimnis des Glücks möchte denjenigen Hoffnung geben die meinen, das Glück hätte sie vergessen; Denkanstöße geben, über die Art des Glücks nachzudenken, das Freude und Zufriedenheit ermöglicht; die Menschen, die bereits glücklich sind, dahin gehend motivieren, ihr Glück zu schätzen, zu teilen und mehr Wege zu erschließen, ein erfülltes und freudvolles Leben zu führen. Wie heißt es in Max Ehrmanns Desiderata: „Sei achtsam und versuche, glücklich zu sein."

Identität und Freiheit

„Folgende Wahrheiten erachten wir als selbstverständlich: dass alle Menschen gleich geschaffen sind; dass sie von ihrem Schöpfer mit gewissen unveräußerlichen Rechten ausgestattet sind; dass dazu Leben, Freiheit und das Streben nach Glück gehören."

Die Unabhängigkeitserklärung, 04. Juli 1776.

Das Streben nach Glück ist ein Teil unserer menschlichen Natur. Für Amerikaner ist es sogar Teil ihrer nationalen Identität und ein fest verankerter Bestandteil ihrer Unabhängigkeitserklärung. Diese Erklärung, die nach einer langen Periode des Kriegs und der Zwistigkeiten unterzeichnet wurde, verleiht dem Wunsch der 13 Staaten nach Unnabhängigkeit vom Britischen Königreich Ausdruck. Ein Teil der Aufgaben der US-Regierung dem amerikanischen Volk gegenüber ist nach wie vor, Verantwortung für dessen Sicherheit und Glück zu übernehmen. Glück ist hier (auf Regierungsebene) mit dem Wunsch nach Freiheit gleichzusetzen.

KAPITEL 1

Was ist Glück?

Entdecke die Glücksgewohnheit

„Es gibt keinen Weg zum Glück; Glück ist der Weg."

Buddhistische Weisheit

Hast du dich heute schon im Spiegel angelacht? Wenn ja, ging das leicht, oder fühlte sich das so an, als könnte deinen Gesichtsnerven ein wenig Training gut tun?

Die meisten kleinen Kinder sind Glücksmagneten. Alles was sie zum Glück brauchen ist Liebe, Sicherheit und einen Platz zum Spielen – schon ist ihre Welt ein Ort voller Lachen und Spaß. Sobald wir älter werden, verlieren viele Menschen diese Glücksgewohnheit; sie tauschen Spaß und Spontaneität gegen professionellen Anspruch und persönliche Verantwortungen. Zeitdruck lässt sie mit angespannten Gesichtern atemlos durch's Leben hetzen; Arbeit wird eher als lästige Pflicht, denn als spannende Herausforderung gesehen und wahre Freude wird als rares Gut für die Zeit am Wochenende, den Urlaub oder spezielle Anlässe aufgeschoben.

Wenn du eine Stunde lang glücklich sein möchtest,
mach ein Nickerchen.
Wenn du einen Tag lang glücklich sein möchtest, geh fischen.
Wenn du einen Monat lang glücklich sein möchtest, heirate.
Wenn du ein Jahr lang glücklich sein möchtest,
erbe ein Vermögen.
Wenn du ein Leben lang glücklich sein möchtest,
hilf einem anderem.

Chinesisches Sprichwort

Du musst nicht erst an den Punkt des völligen Unglücklichseins kommen, um zu merken, dass dein Leben entspannter und erfüllter sein sollte. Die Signale zeigen sich in deiner Körpersprache und all' den Dingen, die du sagst und tust. Wie oft schon hast du eine weniger glückliche Person sagen hören: „Ich wünschte...," „Ich sollte...," „Wenn ich nur...," „Ich kann nicht, weil...," „Du hast Glück, weil...," „Ich bin so müde...," gefolgt von einem Stirnrunzeln und Seufzen?

Die Gefahr besteht darin, dass Unzufriedenheit zur Gewohnheit wird. Es ist einfach, sich in der mürrischen Stimmung einzurichten – manchmal gar für Jahre. Es sind die ‚Umstände', die ‚Tatsache, dass nichts passiert'... all das dient als Entschuldigung dafür, nicht die Dinge anzugehen, die das Leben ändern und dich glücklich machen könnten.

Lies weiter um herauszufinden, ob du einer der Glücksmythen aufgesessen bist und wie du zukünftig einen neuen Weg einschlagen kannst.

lache, lache, lache, lache, lache, lache, lache, lache,

Die Gefahr besteht darin, dass Unzufriedenheit zur Gewohnheit wird.

lache, lache, lache, lache, lache, lache, lache

MYTHOS NUMMER 1:

Wenn ich reich wäre, wäre ich glücklicher.

„Der Versuch, glücklich zu werden, indem du Besitztümer anhäufst, ist so erfolgreich, wie der Versuch, satt zu werden, indem du Sandwichscheiben auf deinen Körper klebst."

George Carlin

Glücksexperte Srikumar Rao glaubt, dass wir einen Großteil unseres Lebens darauf verwenden, unglücklich zu sein, statt uns daran zu erfreuen, dass in uns Lebendigkeit pulsiert. Das liegt daran, weil wir so viel Zeit darauf verwenden, darüber nachzudenken, was wir noch brauchen, damit wir glücklich sein können. Wir reden uns ein, wir WÄREN glücklich, wenn wir nur einen besseren Job, mehr Geld, ein schöneres Haus, einen attraktiveren Partner, ein tolleres Auto HÄTTEN.

Der Fehler in dieser Argumentation liegt hier: Alles, was du im Außen bekommst, kannst du auch wieder verlieren – und das bedeutet nicht nur, dass es verloren ist, sondern auch, dass du unglücklich wirst, weil du dich wahrscheinlich selbst für den Verlust verantwortlich machst.

Solange wir unsere Aufmerksamkeit auf Dinge im Außen richten und solange wir die Gegenwart kritisieren und von einer idealen Zukunft träumen, werden wir immer unzufrieden sein. Je näher wir unserem vermeintlichen Ziel kommen, desto höher hinaus wollen wir. So werden wir niemals sehen und schätzen, was wir bereits haben – und nie glücklich sein.

Dem gegenüber steht das Gefühl, das wir empfinden, wenn wir einen Regenbogen, einen Sonnenuntergang oder etwas Schönes in der Natur sehen. So etwas lässt die meisten Menschen innehalten und einen Moment der Stille und des Wunderns erleben. In diesen Momenten, weiß Srikumar Rao, sind wir wirklich glücklich, denn: „Jetzt akzeptierst du das Universum genau so, wie es ist". Ganz ohne Kritik oder den Wunsch, es wäre irgendwie anders.

Die Erfahrung des einfachen Lebens

Wenn du nur noch 24 Stunden zu leben hättest, würdest du einkaufen gehen? Oder würdest du Zeit mit den Menschen verbingen wollen, die dir am Herzen liegen?

Geld kann dir kein Glück kaufen. Stattdessen erwibst du für eine kurze Weile Spaß, Aufregung und Unterhaltung. Die Kultur des Anhäufens von Besitz (Haus, Kleidung, etc.) ist tief in unserer Psyche verwurzelt und nur wenige Menschen werden gewillt sein, all dies' aufzugeben, um fortan ein glückliches Leben fern jeglichen Materialismus' zu führen. Aber: Materielle Dinge sind passiv – sie können uns nicht lieben, sie sprechen nicht mit uns und lassen uns auch nicht lachen. Alles, was sie können, ist, uns dazu zu motivieren, unseren Besitz mit dem anderer Menschen zu vergleichen. Und das führt zu Unzufriedenheit, denn wir denken, dass nichts jemals genug ist.

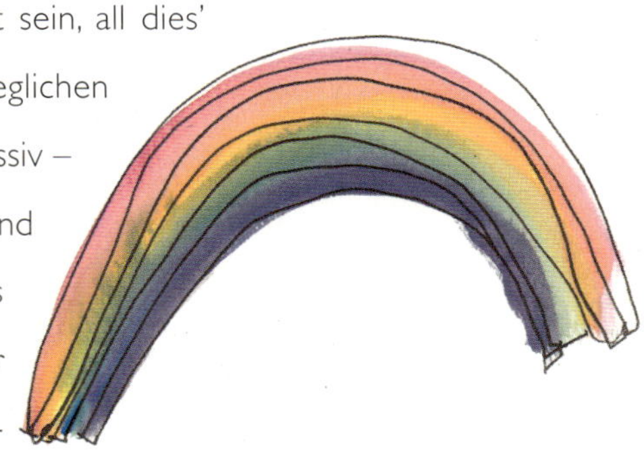

Nimm dir jetzt die Zeit, all' die nicht-materiellen Dinge zu betrachten, für die du dankbar sein kannst. Wer oder was hat dich im Laufe deines Lebens zum Lachen gebracht, dich lebendig, geliebt und glücklich fühlen lassen, dich neugierig gemacht?

* Denkst du an deine Liebe zur Musik, zum Laufen, Klettern, Singen, Lesen, Tanzen?
* Schätzt du deine Freunde, Familie, Beziehung, Kinder?
* Erinnerst du dich an die Orte, die du besucht hast; die Schönheit, die du gesehen hast; die Luft, die du geatmet hast?
* Stellst du dir die Freude eines Kusses, Dufts, Geschmacks oder Gefühls vor?
* Bewahrst du die Erinnerung an jemanden, der nicht hier ist?

Die natürlichen Freuden, die wir umsonst genießen können, machen uns glücklich und zufrieden. Ihr Reichtum macht uns wirklich froh; und diese Art der Freude macht uns wirklich reich.

MYTHOS NUMMER 2:

Hätte ich einen besseren Job, wäre ich glücklicher.

„Erfolg ist, das zu bekommen, was du willst. Glück ist, das zu wollen, was du bekommst."

Dale Carnegie

Etwas durch eigenen Einsatz oder harte Arbeit zu erreichen, bringt große Freude. Die wenigsten von uns werden, wenn sie sich vor Augen führen, was sie geleistet haben (ein Haus gebaut, eine Aufgabe erfolgreich abgeschlossen, ein Examen bestanden...), sagen: „Ich wünschte wirklich, ich hätte nicht so viel Erfolg gehabt!" Die meisten von uns sind zu recht stolz auf ihre Leistungen und die Kraft, die sie zum Erreichen des Ziels eingesetzt haben. Leistung ist inspirierend und steckt an. Gute Neuigkeiten helfen anderen Menschen dabei, darüber nachzudenken, was alles möglich ist.

Nirgendwo sonst ist dies' augenscheinlicher, als bei Sport und Abenteuer. Als der Astronaut Neil Armstrong, der erste Mann auf dem Mond, starb, erinnerten sich Tausende daran, welchen Einfluss die Mondlandung auf ihr Leben hatte. Wenn Millionen von Menschen überall auf der Welt die Olympischen Spiele verfolgen, sind sie in ihrem Wunsch vereint, ihr favorisierter Wettkämpfer möge gewinnen. Erfolg, wie viele andere Erfahrungen auch, potenziert sich, wenn er geteilt wird.

Warum sind dann so viele erfolgreiche Menschen unglücklich und unzufrieden? Warum erfüllt uns Erfolg, nach dem wir so sehr streben, nicht immer mit Freude? Und warum fühlen sich so viele erfolgreiche Menschen als Versager?

Darwin hat uns gelehrt, dass die Zukunft aller Arten vom Überleben der Stärksten abhängt; von Geburt an werden wir für Dinge, die wir gut machen, gelobt und dazu ermuntert, immer unser Bestes zu geben. Im Job wird gute Arbeit mit einer Beförderung oder einer Gehaltserhöhung belohnt. Menschen sind von Natur aus konkurrent und das Streben nach Bestleistungen verheißt oftmals Gewinn. Wir messen unseren Leistungen einiges bei und definieren uns über sie.

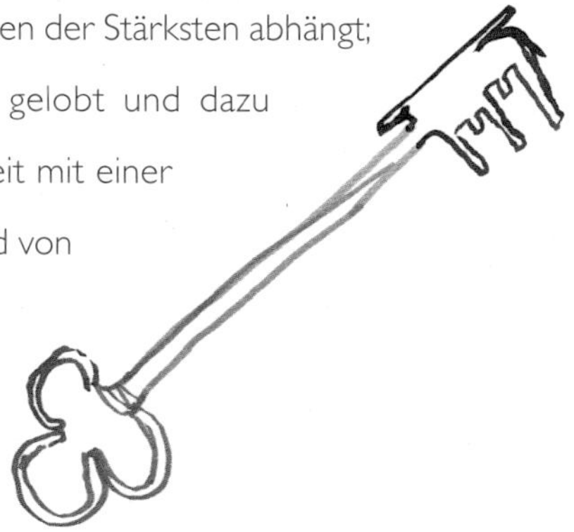

Wenn wir jedoch mehr Energie in unseren Status investieren, als in den Spaß an der Arbeit, passiert folgendes:

- Die Angst vorm Versagen kann uns dazu verleiten, auf ‚Nummer Sicher' zu gehen. Das führt zu Langeweile; Wir treten auf der Stelle.
- Mit der Zeit können unsere Arbeits- und Lebensziele miteinander in Konflikt geraten, statt sich gegenseitig zu beflügeln.
- Wir trennen uns innerlich von der Aufgabe und beginnen, sie abzulehnen.
- Wir bleiben bei unserer Tätigkeit, weil wir gut in dem sind, was wir tun und weil es bequem ist – nicht jedoch, weil wir Spaß bei der Arbeit empfinden.
- Wenn sich unser Status ändert, wir z.B. arbeitslos werden, verlieren wir den Sinn für uns selbst, weil wir so viel in unsere Rolle investiert haben. Es kann Jahre dauern, Vertrauen und Selbstbewusstsein wieder aufzubauen.
- Viele Menschen mit anstrengenden Jobs haben das Gefühl, die Last allein auf ihren Schultern zu tragen und erledigen alles alleine. Sie denken, sie können nicht um Hilfe bitten und übersehen, dass die größten Erfolge in Teamwork entstehen.

Statt in ein Ergebis zu investieren, über das du wahrscheinlich keine komplette Kontrolle mehr hast, liegt das Geheimnis des Glücks darin, sich auf den Prozess der Erfüllung zu fokussieren. Erkenne, dass jeder Schritt für sich eine Leistung ist und Fortkommen auf dem Weg zum ultimativen Ziel bedeutet. Der Schlüssel zu einem besseren Job liegt darin, dich zunächst auf die Arbeit zu konzentrieren, die du hast und diese so gut wie möglich zu machen.

Die Freude an der Aufgabe

Wie alle Geheimnisse des Glücks beginnt auch der Pfad, Glück im Job zu finden, in deinem Kopf. Versuche diese Übung, um einerseits deine Gedankenmuster zu ändern und andererseits um herauszufinden, welche Arbeit dich glücklicher machen könnte.

* Bevor du dich heute Abend schlafen legst, denke an positive Aspekte deiner Arbeit und schreibe diese auf. Es kommt nicht darauf an, wie viele Dinge dir einfallen. Es kann auch gar nichts mit der Arbeit selbst zu tun haben; vielleicht gefällt dir die Fahrt zur Arbeit, das Scherzen mit den Kollegen, oder dein Gehalt am Ende des Monats. Was auch immer es ist, schreib es auf.

* Wenn du am nächsten Tag aufwachst, achte darauf, wie du dich damit fühlst, zur Arbeit zu gehen. Ist dein erster Gedanke positiv oder negativ? Ist er positiv, schreib ihn auf. Ist er negativ, lies den positiven Gedanken, den du letzte Nacht hattest und denke nochmal nach. Kannst du den negativen gegen einen positiven tauschen? Schreib es auf. Sogar extrem Negatives kann in Positives gewandelt werden. Anstelle von „Ich hasse meinen Job," versuch zu denken: „Das ich unglücklich in meinem Job bin zeigt mir, dass ich lieber folgende Arbeit machen möchte: …" (nur du kannst die Lücke ausfüllen.)

* Denke an alle Aufgaben, die du jeden Tag zu erledigen hast und konzentriere dich darauf, wie gut es sich anfühlt, jede einzelne fertig zu stellen. Erkenne an, wie gut du gearbeitet hast und überlege, wie du die Aufgaben nächstes Mal noch besser erfüllen kannst.

* Wenn du dies einen Monat lang genau so machst, werden drei Dinge passieren. Erstens wirst du mindestens 60 Punkte aufgelistet haben, die dich im Bezug auf deine Arbeit glücklich machen und die du jeden Tag auf's Neue wiederholen wirst.

Zweitens wirst du mehr und mehr Dinge an deiner Arbeit entdecken, die Spaß machen und dich glücklich fühlen lassen. Das wiederum wird andere Menschen positiver auf dich reagieren lassen. Drittens wirst du, solltest du immer noch unglücklich sein, eine Menge mehr darüber wissen, welche Arbeit besser zu dir passt.

Der Kreativexperte Sir Ken Robinson hat ausführlich darüber geschrieben, wie wichtig es ist, dass du eine Leidenschaft für das hast, was du tust. Wenn dein Job deine Leidenschaft ist, verschwimmt die Linie zwischen Arbeit und Freizeit. Du genießt bewusst dein Leben und liebst, was du tust. In Anbetracht der Tatsache, dass wir einen Großteil unseres Lebens mit Arbeit verbringen, schulden wir es uns selbst, dabei so glücklich wie möglich zu sein. Natürlich ist es nicht immer möglich, deinen Lebensunterhalt mit der Fähigkeit zu verdienen, die dir am besten liegt oder die dir am meisten Freude bereitet. Manchmal ist es auch lustiger, deiner Leidenschaft als Hobby zu fröhnen und sie nur deinen eigenen Regeln zu unterwerfen. Manche Menschen ziehen die Freude aus der Arbeit selbst, andere genießen das Scherzen mit den Kollegen und die Arbeitsumgebung. Grundsätzlich gilt: es gibt immer Mittel, Wege und Kollegen, die lästige Arbeit in Spaß verwandeln können; oder eine große Herausforderung in ein Abenteuer.

MYTHOS NUMMER 3:

Wenn ich attraktiver wäre, wäre ich glücklicher.

„Menschen sind wie Buntglasfenster. Sie funkeln und strahlen solange die Sonne scheint. Wenn es aber dunkel wird, offenbart sich ihre wahre Schönheit nur, wenn innen ein Licht scheint."

Elisabeth Kübler-Ross

Wir leben in einer Welt, in der Büroangestellte sich während ihrer Mittagspause kleineren kosmetischen Korrekturen unterziehen; in der Prominente jeden Alters Unsummen dafür ausgeben, ihre Brüste, Hintern, Nasen und andere Körperteile korrigieren zu lassen, ohne das irgendjemand überhaupt die Notwendigkeit dafür bemerkt hätte. Unzählige schöne Menschen auf der ganzen Welt sind unglücklich mit ihrem Aussehen und meinen, um sich besser zu fühlen müssten sie weniger wiegen, mehr wiegen, ein Designer-Sweatshirt kaufen oder ihre Haarfarbe wechseln. 10-Jährige leiden an Essstörungen. Was in aller Welt ist bloß los? Sind wir an einem Punkt angekommen, an dem wir Aussehen höher werten als Substanz und Jugend dem Alter vorziehen? Wann genau hat das angefangen? Dass ‚Schön sein' bedeutet, jeder muss gleich aussehen.

Eigentlich ist dieser komplizierte Sachverhalt ganz einfach: Wir können uns nicht so sehen, wie andere uns sehen. Wir sehen uns nur, wenn wir vor einem Spiegel stehen oder uns ein Foto ansehen. Wie können wir das Leuchten in unseren Augen bemerken, wenn wir doch aus ihnen hinaussehen und nicht in sie hinein? Wie können wir aus unserem Körper heraus die Energie unserer Bewegungen sehen?

Wann genau hat das angefangen? Dass ‚Schön sein' bedeutet, jede/r muss gleich aussehen.

Jeder von uns ist einzigartig und wir verändern uns ständig – körperlich und geistig. Es kann als sicher gelten, dass sich in fünf Jahren niemand mehr daran erinnern wird, welche Farbe das Kleid hatte, das du zu einem bestimmten Anlass getragen hast – oder ob dein Haar zu lang oder zu kurz war. Eventuell weiß auch niemand mehr, was du gesagt hast. Woran man sich jedoch sicher erinnern wird ist, ob man sich in deiner Anwesenheit wohl gefühlt hat – und sich dadurch auch selbst gut gefühlt hat.

Die Wahrheit dieses Mythos' ist nicht „Wenn ich attraktiver wäre, wäre ich glücklicher," sondern „Wäre ich glücklicher, wäre ich attraktiver." Alles beginnt damit, dass du dich für das wertschätzt, was dich ausmacht.

Es sind die Augen

Stöbere doch mal in einem alten Fotoalbum, in dem du schon Jahre nicht mehr geblättert hast. Sieh dir all die Fotos an, auf denen du 20 Jahre und jünger warst. Wie attraktiv hast du dich damals gefühlt? Die Chancen stehen nicht schlecht, dass du dich damals genau so gefühlt hast, wie heute – aber rückblickend siehst du, wie bezaubernd du warst. Warst du glücklicher? Wohl eher nicht.

Nun stell' dir vor wie du in 20 Jahren reagieren wirst, wenn du dir Fotos von heute ansiehst. Denke darüber nach und fühl' dich in die Situation hinein.

Als nächstes schau in einen Spiegel und lach dich selbst so an, als würdest du jemanden ansehen, der dir wirklich am Herzen liegt. Betrachte die Fältchen um deine Augen, die der Welt zeigen, wie du lachst; betrachte die Fältchen, die die Geschichte deines Lebens erzählen; sieh, wie dein Gesicht sich erhellt, wenn du lachst. Dein älteres ‚Ich' kann zurückblicken und wertschätzen, wie hübsch du heute bist.

Die Person, die einen Raum zum Leuchten bringt, ist nicht die physisch schönste, sondern die, deren inneres Licht das Leben derer erhellt, die sie umgeben.

MYTHOS NUMMER 4:

Würde ich geliebt, wäre ich glücklicher.

„Denk nicht, du könntest den Lauf der Liebe bestimmen. Die Liebe wird, wenn sie dich ihrer würdig findet, deinen Lauf bestimmen."

Kahlil Gibran

Es liegt Wahrheit in diesem Mythos. Wenn zwei Menschen ein intensives Gefühl teilen, singt das Herz und wir fühlen uns zu Allem bereit. Das Gefühl, geliebt zu werden, macht uns glücklich. Jedoch hat nicht jede Liebe Bestand und wenn sie ihre Form ändert können wir nicht erwarten, dass uns unser Gegenüber auf genau dieselbe Art zurückliebt.

Wir können eine bestimmte Zeit lang Momente teilen, die unser Herz hochfliegen und lebendig werden lassen. Momente, die wir ein Leben lang schätzen können.

Ein großer Teil des Lebens dreht sich um Liebe und Verlust und um das Erlernen von Geben und Nehmen in Beziehungen. Wenn eine Beziehung beendet wird, kann sich das so anfühlen, als sei dein Leben vorbei. Du meinst, du kannst nie wieder lachen oder dich gar auf jemand neues einlassen. Auch unerwiderte Liebe kann schmerzhaft sein. Das Gefühl, ungeliebt zu sein, kommt einem Verlust gleich und ist lähmend. Liebe ist ein Geschenk, das genauso viel Schmerz wie Freude bereiten kann. Es kostet einiges an Kraft, wieder aufzustehen und von vorne zu beginnen.

Aber: natürlich ist dein/e Geliebte/r nie dein Eigentum. Wir gehören nicht einander; können nicht besessen werden. Wir können eine Zeit lang Momente teilen, die unsere Herzen höher schlagen und uns lebendig fühlen lassen. Momente, die wir ein ganzes Leben lang schätzen werden.

Entscheide dich für Liebe statt für Trauer

★ Liebe ist unendlich und es gibt immer noch Raum für mehr. Statt dir zu sagen, dass du nie wieder jemanden lieben wirst, versuche zu denken, „Ich werde niemals aufhören, die Person zu lieben, mit der ich einmal zusammen war. Auch wenn ich jetzt traurig bin, ist mein Herz offen dafür, beizeiten jemand neuen zu lieben."

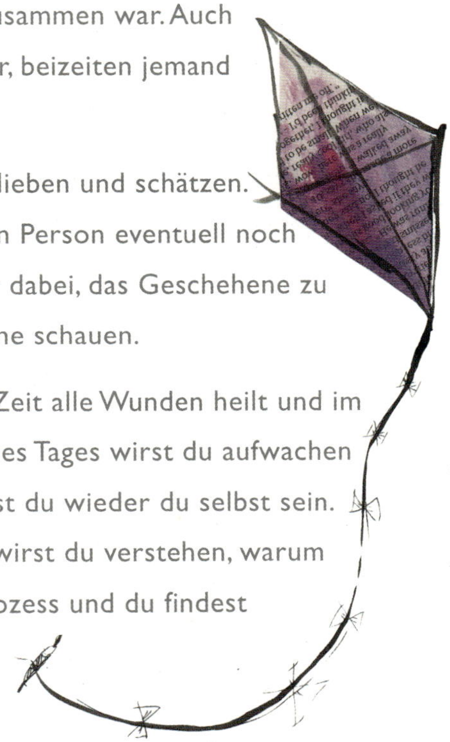

★ Verbringe Zeit mit Freunden und Familie, die dich lieben und schätzen. Ihre Freundlichkeit lässt dich den Verlust der geliebten Person eventuell noch deutlicher spüren, aber ihre Unterstützung hilft dir dabei, das Geschehene zu akzeptieren und lässt dich nach vorne schauen.

★ Die Zeit vergeht. Es gibt dieses Klischeé, dass die Zeit alle Wunden heilt und im Fall eines gebrochenen Herzens stimmt das auch. Eines Tages wirst du aufwachen und feststellen, dass etwas anders ist. Plötzlich kannst du wieder du selbst sein. Anstatt daran festzuhalten, was du einmal hattest, wirst du verstehen, warum du es ziehen lassen musstest. Vertraue dem Prozess und du findest den Weg zurück zum Glück.

Eros: Ewige Liebe

Die Alten Griechen glaubten, dass die erotische Liebe eine Form von Wahnsinn sei. Der griechische Gott Eros, ausgerüstet mit Pfeil und Bogen, schießt schmerzhafte Pfeile in die Herzen derer, die der Leidenschaft verfallen sind. Interessanterweise hat erotische Liebe nichts mit körperlicher Schönheit zu tun. Äußerliche Schönheit verblasst, während Erotik ewig währt. Das zeigt uns, dass Glück und wahre Schönheit nicht oberflächlich sind.

MYTHOS NUMMER 5:

Mein Leben ist unfair. Ich werde niemals glücklich sein

„Einem Menschen kann alles genommen werden, bis auf diese letzte menschliche Freiheit: sich in jeder Situation dafür zu entscheiden, den eigenen Weg zu gehen."

Viktor Frankl

Traurig, aber dieser Mythos ist wahr: Wenn du dich dazu entschließt, daran zu glauben, dass dein Leben unfair ist, dann wird es dir nur schwer gelingen, glücklich zu sein. Du redest dir ein, kraftlos und ein Opfer der Umstände zu sein. Wenn du jedoch deine Kraft aufgibst, besteht die Gefahr, dass du dich selbst aufgibst.

Aber wie Viktor Frankl in seinem bemerkenswerten Buch *Der Mensch vor der Frage nach dem Sinn* bemerkt, ist es sogar unter den schlimmsten Umständen immer noch möglich, Stellung zur eigenen Situation zu beziehen und die Identität zu wahren.

Sogar unter schlimmsten Umständen ist es immer noch möglich, Stellung zu deiner Situation zu beziehen und deine Identität zu wahren.

Wenn das Leben durch eine Serie von Unglück und Tragödien ins Wanken gerät, ist es unvermeidlich, dass die notleidende Person laut „Warum ich?" ausruft. Das ist nur menschlich und notwendig, um die Lage einschätzen zu können. Hüte dich aber davor, einer Art ‚persönlichen Unrechts' auf den Leim zu gehen, die dich davon abhält, weiter zu machen.

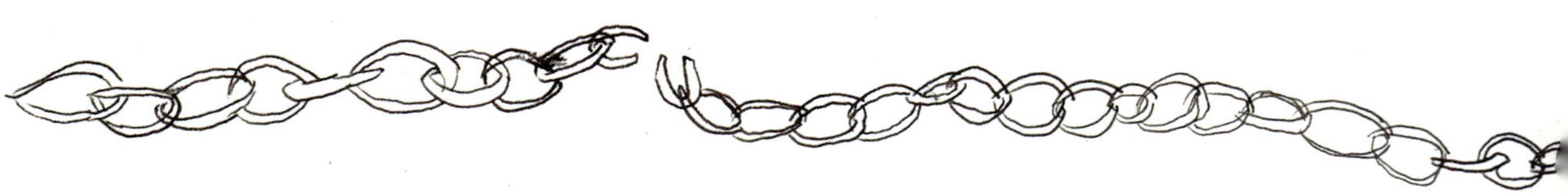

Wähle die Sonnenseite

Der kraftvollste Weg aus der Hilflosigkeit ist der, einen Plan zu machen und die Kontrolle zu übernehmen; oder dich – statt auf deine eigenen – auf die Bedürfnisse anderer Menschen fokussierst. Anderen Freude zu bereiten kann ein kraftvoller Weg hin zu Balance und Perspektivwechsel sein.

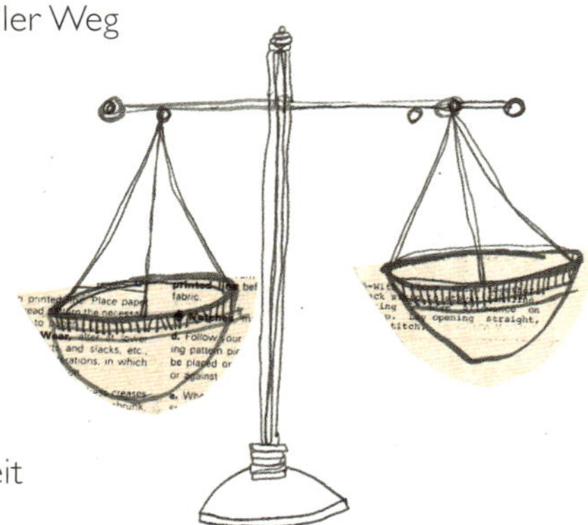

Der Rat, sich für die Sonnenseite zu entscheiden, mag sich wie eine Binsenweisheit anhören – und außerdem noch schwierig umzusetzen sein – aber es gibt lichtere Momente und die Jagd nach ihnen ist in jedem Fall lohnenswert. Der Weg zum Glück ist in unserer Fähigkeit begründet, das große Ganze zu sehen – mit positiver Einstellung, Hoffnung und Mitgefühl für andere.

Jeder verdient es, glücklich zu sein

Den fünf Mythen des Glücks liegt die tief verwurzelte Angst zugrunde, dass das Glück in deinem Leben keinen Platz hat. Aber: keine Sorge! Jeder verdient es, glücklich zu sein. Und jeder kann es sein!

Die Angst loslassen

"Glück ist ein Wagnis. Wenn du nicht ein wenig Angst hast, machst du etwas falsch."

Sarah Addison Allen, Das Wunder des Pfirsichgartens

Es gibt Zeiten im Leben, in denen wir alles riskieren müssen, um glücklich zu werden. Und dazu müssen wir uns auch von einer Sache verabschieden, die uns sehr vertraut ist. So sonderbar es klingt: Es kann durchaus eine schwierige Aufgabe sein, die Angst loszulassen, die uns davon abhält, uns zu verändern. Die Stimme, die uns zuflüstert, dass es das Risiko nicht wert sei und es besser sei, es gar nicht zu versuchen, statt am Ende zu scheitern. Ihr nachzugeben bedeutet jedoch, Chancen zu verpassen und dies vielleicht ein Leben lang zu bereuen.

Die Pfade zum Glück sind vielfältig und nicht alle sofort als solche zu erkennen. Im Gegenteil: sie scheinen sonderbar, beängstigend, voller Hürden, zu weit weg von zu Hause. Glück hängt allerdings eng mit positivem Selbstwert und Erfolg zusammen. Wir müssen kalkulierte Risiken eingehen, um zu wachsen und Selbstachtung zu erlangen.

Diese Schlüsselmomente im Leben sind Wendepunkte, die uns dazu anregen, Bilanz zu ziehen: Eine Entscheidung steht an, es wird sich etwas ändern und nichts wird mehr so sein, wie es einmal war.

Grund für die Veränderung kann ein ‚runder Geburtstag' sein, der eine neue Dekade einläutet; vielleicht ist es auch ein Moment des Verlustes und der Trauer; oder eine Gelegenheit, die gleichzeitig aufregend und beängstigend ist.

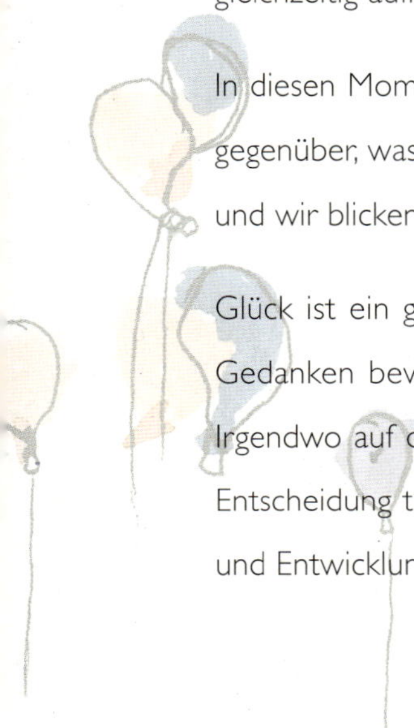

In diesen Momenten wägen wir ab, wo wir stehen. Wir stellen das, was wir erreicht haben dem gegenüber, was wir uns erträumt haben. Unsere Behaglichkeit wird auf eine harte Probe gestellt und wir blicken in eine ungewisse Zukunft.

Glück ist ein großes, lebendiges Gefühl. Es gedeiht nicht in Situationen, in denen uns zu viele Gedanken bewegungsunfähig machen, oder Groll und Enttäuschung unser Herz verschließen. Irgendwo auf dem Weg zwischen unseren verlorenen Träumen und der Realität können wir die Entscheidung treffen, uns den ungewollten Ängsten zu stellen und die Chancen für Veränderung und Entwicklung zu ergreifen.

Meister der Angst

Die Wurzeln der Angst liegen in unserem Geist und unserer Erinnerung. Angst ist ein Schutzmechanismus unseres Körpers, um uns vor realer oder irrealer Gefahr zu bewahren. Angst erhöht den Adrenalinausstoß und lässt mehr Blut Richtung Herz fließen. Wir bereiten uns auf einen Kampf vor – oder auf die Flucht. Die Glücksgewohnheit unterstützt uns dabei, die Quelle der Angst zu identifizieren. Gedankenmuster werden entlarvt und wir verstehen, was uns wirklich glücklich macht.

Frage dich:

* Wovor hast du Angst? Ist es etwas Reales oder etwas Eingebildetes? (Dein Geist unterscheidet nicht zwischen den beiden.)
* Was motiviert dich zum Handeln und was hält dich ab?
* Worüber hast du Kontrolle – und kannst es somit auch verändern?
* Worüber hast du keine Kontrolle – und musst es somit akzeptieren?
* Auf einer Skala von 0 bis 10: Wie glücklich wird dich deine Entscheidung machen?
* Bringt dich die Entscheidung zukünftigem Glück einen Schritt näher oder nicht?

Über die Komfortzone – diesen heimeligen Ort, in dem wir uns eingerichtet haben – ist schon viel geschrieben worden. Dem gegenüber steht die Stretchzone: Hier erlernen wir neue Fähigkeiten und entwickeln unsere Kompetenzen. So erlangen wir Zuversicht… und die steigert unseren Selbstwert und unsere Selbstachtung. Coach und Trainer Bev James erinnert die TeilnehmerInnen ihrer Kurse immer wieder daran, dass wir, wenn wir uns nicht in die Stretch-Zone wagen, uns immerfort fragen werden, was das Leben für uns bereit gehalten hätte, wenn wir nur etwas mutiger gewesen wären.

Es kann das Schwierigste sein, das sichere Gefühl der Angst loszulassen.

Im Flow (Fluss) sein

„Wenn Menschen sich aus Angst einschränken, verschlechtert sich ihr Leben unweigerlich. Nur mit frei gewählter Disziplin kann das Leben genossen und vernünftig gelebt werden."

Mihaly Csíkszentmihályi

Mihaly Csíkszentmihályi hat mit seiner Arbeit an dem Konzept, das er ‚Flow' (Fluß) nennt, großen Einfluss auf unser Verständnis dafür gehabt, was es heißt, glücklich sein. Er ist einer der weltweit führenden Experten auf dem Gebiet der positiven Psychologie. Wenn wir im Flow sind, vergessen wir die Zeit, denn wir sind völlig von unserer Aufgabe eingenommen. Die Arbeit wird eher durch uns, als von uns erledigt. Folgende Bedingungen sollten erfüllt sein, um in den Flow zu kommen. Wir müssen…

- ein Gefühl dafür haben, an der Aufgabe beteiligt zu sein,
- ein Gefühl dafür haben, uns fern der Zwänge der alltäglichen Realität zu bewegen,
- ein Gefühl von Klarheit und Zentriertheit spüren: Wir wissen, was wir tun und wohin uns das führt,
- Arbeiten übernehmen, für deren Erledigung wir die nötige Fertigkeit besitzen,
- die Disziplin besitzen, uns auf die zu erfüllende Aufgabe zu konzentrieren,
- ein Gefühl der Zeitlosigkeit haben: so von der Aufgabe eingenommen sein, dass wir nicht merken, wie die Zeit vergeht.

Seine Arbeit hat aufgezeigt, dass eine Aufgabe – wenn sie befriedigend sein soll – herausfordernd, aber auch im Bereich des für uns Machbaren sein muss. Zu viel Stress verhindert Produktivität, und ist die Aufgabe zu leicht, verfliegt die Motivation. Flow ist das Gegenteil von Teilnahmslosigkeit – er treibt uns dazu an, entschlossen zu handeln. Wenn wir im Flow sind, ist der Sinn für uns selbst aufgehoben. Dennoch: durch die erledigten Aufgaben wird unser Selbstwert bestätigt und ein Gefühl der Zufriedenheit stellt sich ein.

KAPITEL 2

Die heilende Kraft des Glücks

Die Glückswissenschaft

„Glück ist wie ein Schmetterling; je mehr du ihn jagst, desto mehr wird er sich dir entziehen. Sobald du aber deine Aufmerksamkeit auf etwas anderes lenkst, wird er sich auf deine Schulter setzen."

Buddhistische Weisheit

Es ist wissenschaftlich bewiesen: Glücksgefühle sind gut für dich. Diejenigen, die glücklich sind oder optimistisch und positiv nach vorne schauen, laufen selten Gefahr, an klinischer Depression zu erkranken. Glücksgefühle scheinen zu längerem Leben und besserer Gesundheit beizutragen.

Bereits Aristoteles hat sich wissenschaftlich mit dem Einfluss und den Auswirkungen von Glück beschäftigt. 322 v. Chr. belegte er, dass das Streben nach Glück einen wesentlichen Teil des Menschseins ausmacht.

Aktuell befasst sich die Wissenschaft mit etwas, das sie das ‚Glücksparadoxon' nennen: Je intensiver du nur nach deinem alleinigen Glück strebst, desto weniger wahrscheinlich wirst du glücklich sein. Je offener du dafür bist, dich auf andere Menschen zu konzentrieren und ihnen zu helfen – ohne an deinen eigenen Vorteil zu denken – desto glücklicher und zufriedener wirst du sein.

Und es gibt noch ein weiteres Paradoxon: Obwohl der Lebensstandard der meisten westlichen Länder im Zeitraum der letzten 30 Jahre gestiegen ist, ist das Glücksniveau gleich geblieben.

Die Glücksformel

In den frühen 1970er Jahren beschrieben sich 34% der Einwohner Großbritanniens als „sehr glücklich". In den späten 1990er Jahren, als es der britischen Wirtschaft stabil gut ging, war diese Zahl auf 4% gesunken. Es scheint so, als hätte der verbesserte Lebensstandard einen negativen Einfluss auf das Glücksgefühl der Menschen gehabt.

Wir sind nicht mehr so nachbarschaftlich, wie wir einmal waren. 43% der Briten sagen, ihre Nachbarn seien nicht mehr so freundlich, wie noch vor 10 Jahren. Nur 22% empfinden ihre Nachbarn aktuell als freundlicher. Unterm Strich sind wir jedoch recht zufrieden. Eine Umfrage aus dem Jahr 2005 zeigt, dass sich 92% der Briten als ziemlich oder sogar sehr glücklich beschreiben. Nur 8% meinten, sie seien ziemlich/sehr unglücklich. Mehr als 60% der Befragten sprachen mit bis zu fünf Freunden jede Woche.

Einerseits sind diese Statistiken interessant und geben uns Stoff zum Nachdenken. Sie sind die Grundlage für zukünftige Regierungspolitik und sozialwissenschaftliche Umfragen. Andererseits ist es absurd, zu meinen, dass Glück gemessen und geprüft werden könnte. Es gibt sicherlich keinen verlässlichen Weg, Gefühle zu messen.

Es ist ermutigend zu wissen, dass Regierungen überall auf der Welt mittlerweile ihre Politik auch unter dem wichtigen Aspekt des Glücklichseins gestalten. Am Ende des Tages jedoch hat jeder einzelne – egal, was die Statistiken sagen – in jedem Haus, jeder Straße, Schule und jedem Büro die Macht, den kollektiven Optimismus einer Nation als Ganzes zu bestimmen..

Bhutan – eine Nation, erbaut auf Bruttosozial-Glück (BSG)

Hoch oben im Himalaya, an der Grenze zwischen Indien und China gelegen, liegt das buddhistische Königreich Bhutan. Es ist kein reiches Land und es hat eine Reihe von sozialen und wirtschaftlichen Problemen, aber das Volk als das glücklichste der Welt beschrieben wird. Dies ist teilweise auf den Einfluss des vierten König von Bhutan, Jigme Singye Wangchuck, zurückzuführen. Er glaubte, dass ein Land nicht nur anhand des wirtschaftlichen Erfolges, sondern auch anhand des Niveaus der Zufriedenheit der Menschen gemessen werden sollte. Er reiste viel und als er an einer Konferenz in Havanna teilnahm, fragte ihn ein Journalist aus Indien nach dem Bruttosozialprodukt (BSP) Bhutans. Es wird berichtet, dass der Monarch geantwortet haben soll: „In Bhutan kümmern wir uns nicht um das Bruttosozialprodukt, sondern um das Bruttosozialglück“.

Er etablierte das BSG als offizielle Regierungspolitik. Es zielt darauf ab, die geistige und materielle Versorgung in Balance zu bringen, und zwar in den Bereichen Soziales, Kultur, Umweltschutz und der Regierungsführung im Allgemeinen. Die bhutanischen Menschen haben nun eine kostenlose Gesundheitsversorgung und Zugang zu kostenloser Bildung. Seit die Regelung im Jahr 1978 in Kraft trat, hat sich die Lebenserwartung um 20 Jahre verlängert und das Haushaltseinkommen pro Kopf ist um 450% gestiegen. Glück ist wirklich etwas, über das man in Bhutan lächeln kann.

Der Weg zu einem glücklichen Planeten

Ziele nicht auf Erfolg – je mehr du ihn zu deinem Ziel machst, desto weniger wirst du erreichen. Denn Erfolg, genau so wie Glück, kann nicht erzwungen werden; er muss sich ergeben… als unbeabsichtigter Nebeneffekt der eigenen Hingabe an etwas, das größer ist, als man selbst.“

Viktor Frankl

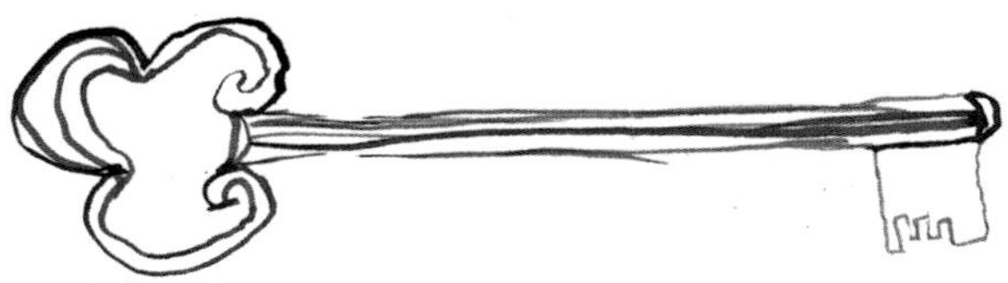

Die ‚Stiftung Neue Wirtschaft' empfiehlt, jeden Tag fünf glückliche Dinge zu tun, um den Glücksquotienten anzugleichen. Das ist genau so wichtig, wie täglich Gemüse zu essen:

* Verbinde dich mit deinem Umfeld und erkenne die Menschen in deinem Leben, die die Säulen deines Wohlbefindens sind.
* Sei aktiv. Finde eine Form der Bewegung, die dir Spaß macht. Bewege dich regelmäßig – geh spazieren, verbringe Zeit draußen.
* Nimm die Welt um dich herum in all ihrer Schönheit wahr.
* Lerne… etwas ganz Unbekanntes. Oder entdecke eine alte Leidenschaft neu. Repariere dein Rad, melde dich für einen Kurs an, lerne ein Musikinstrument.
* Gib… deine Zeit, dein Geld, deine Wärme, ein Lächeln, ein Geschenk, Freundschaft – alles das, was das Leben von anderen Menschen ergänzt und sie dahin gehend motiviert, dasselbe zu tun.

Es ist wissenschaftlich erwiesen – Glücklichsein ist gut für dich.

Die Stiftung hat auch eine innovative Messmethode entwickelt, die die Verbindung zwischen Öko-Effizienz und Wohlbefinden weltweit misst und bewertet. Die Daten – basierend auf Lebenserwartung, Wohlbefinden und ökologischem Fußabdruck des jeweiligen Landes – fließen in den ‚Happy Planet Index' ein.

Die Ergebnisse zeigen, dass der Konsum von natürlichen Ressourcen auf hohem Niveau nicht zu mehr Wohlbefinden führt. Der ‚Happy Planet Index' des Jahres 2012 zeigt, dass weltweit lediglich neun Länder ein hohes Niveau bei Nachhaltigkeit und Wohlbefinden erreichen. Acht davon liegen in Südamerika und der Karibik.

Die Bewertung von Ländern mit hohem Einkommen wird erheblich dadurch verschlechtert, dass aus dem dort vorherrschenden Lebensstil ein großer ökologischer Fußabdruck resultiert. Die USA liegen weit hinten auf Platz 105 – von 151 Ländern. Neuseeland ist mit Platz 28 das an höchster Position liegende westliche Land.

Liebe ist wichtig

„Berührung hat ein Gedächtnis."

John Keats

Wissenschaftler sagen, dass sich die Wurzeln des Selbstwertgefühls in den frühesten Phasen unseres Lebens bilden. Nach Sue Gerhardt, Autorin von ‚Die Kraft der Elternliebe', scheint die bedingungslose Liebe, die wir als Babys erfahren, die Entwicklung des Gehirns zu beeinflussen. Babys, die, wenn sie weinen, getröstet werden, lernen sich selbst zu beruhigen, wenn sie älter werden. Dem gegenüber entwickeln Babys, die beim Weinen alleine gelassen werden, eine hochsensible Reaktion auf Stress. Das heißt, es fällt ihnen im Erwachsenenalter schwer, Stress zu bewältigen.

Aber warum ist das so? Wenn wir gestresst oder in Gefahr sind, produziert der Körper das Hormon Cortisol. Wir brauchen eine bestimmte Menge an Cortisol, aber in Stresssituationen produzieren wir zu viel davon. Das hat eine ermüdende Wirkung auf den Körper und verhindert, dass Emotionen adäquat gesteuert werden können. Diejenigen, die sehr empfindlich auf Stress reagieren, können versuchen, sich selbst zu beruhigen – z.B. durch den Verzehr von kohlenhydratreichen Lebensmitteln.

Je mehr wir im Kontakt (wortwörtlich) mit anderen sind, um so ruhiger, glücklicher und gesünder sind wir.

Eine Umarmung pro Tag hilft dir bei Arbeit, Pause und Spaß

Die gute Nachricht ist, dass, sobald du auf der körperlichen Ebene mit jemandem zusammen kommst, sich sowohl dein Stress-, als auch dein Cortisollevel reduzieren. Die Produktion von Oxytocin, einem „glücklichen" Hormon, wird angekurbelt. All das lässt dich glücklicher fühlen und stärkt nebenbei auch noch dein Immunsystem.

Vergiss am besten die ganze Sache mit der Wissenschaft und merke dir einfach:

- Umarme eine/n Freund/in
- Lass dich massieren
- Beruhige ein Baby
- Halte ‚Händchen' mit deiner/m Liebsten
- Streichele den Hund
- Schmuse mit der Katze
- Mach Liebe
- Geh Tanzen
- Sei körperlicher

Mach dich fit für's Glück

„Glück fühlt sich nicht nur gut an, es ist auch gut für dich. Wir wissen, dass glückliche Menschen in der Regel gesünder sind, länger Leben, mehr Freunde haben und eher Geld für wohltätige Zwecke spenden."

Ed Diener (Dr. Happy)

Wie wäre es, wenn wir ins Fitnessstudio gingen, um glücklicher zu werden, statt um zu trainieren? Was wäre, wenn wir gesagt bekämen, wir gingen auf's Laufband, um unsere Freundschaften zu pflegen, statt um Gewicht zu verlieren? Würde das die Mitgliederzahl in den Studios erhöhen? Auf jeden Fall wäre es gut, so zu denken.

Training erzeugt Glück – weil es uns gesünder und kraftvoller fühlen lässt. Training kann auch teambasierter Wettbewerb sein – das spricht diejenigen an, deren Glückslevel vom Erbringen einer bestimmten Leistung abhängt. Außerdem kann es physiologische Veränderungen im Körper anstoßen und ‚Glückshormone' freisetzen.

Die Wissenschaft sagt uns, dass Menschen, die mindestens zwei bis drei Mal pro Woche trainieren, deutlich weniger unter Depressionen, Wut oder Stress leiden als diejenigen, die sich wenig oder gar nicht bewegen.

★ Wenn du dich ein wenig mau fühlst, können 20 Minuten Training deine Laune steigern und dein Glückslevel heben.

★ Diejenigen, die unter Depressionen leiden, sollten pro Tag 30 Minuten trainieren – an drei bis fünf Tagen in der Woche.

★ Eine sehr erfolgreiche Unternehmerin erzählte mir, sie sei dabei erwischt worden, wie sie Scherensprünge *(eine bestimmte Art des Hochsprungs)* auf dem Flur machte, als sie auf ein Bewerbungsgespräch wartete. Das war ihre bevorzugte Art, ihre Angst in den Griff zu bekommen.

Der *Cochrane Review* ist der einflussreichste Bericht seiner Art weltweit. Hier wurden 23 Studien zum Thema ‚Bewegung und Depression' erstellt und analysiert. Die Ergebnisse zeigen eindeutig den positiven Einfluss von Sport auf das Vorkommen von Depressionen. Ferner wurde bewiesen, dass Sport bei der Reduzierung der mentalen Symptome genau so effektiv ist, wie Antidepressiva.

Fraglich ist jedoch nach wie vor, ob Sport zum verbesserten psychischen Wohlbefinden beiträgt, oder ob Menschen mit positivem psychischen Wohlbefinden eher dazu breit sind, zu trainieren. Aber für alle Menschen ohne spezielle medizinische Indikation gilt: Training macht dich glücklicher.

Ganz einfach glücklich werden:

- Steig auf dein Rad!
- Tanz dich fröhlich.
- Lächle beim Gehen.
- Renn um den Häuserblock.
- Nimm die Treppe, nicht den Lift.

Mach dir keine Gedanken darüber, wie viel Sport du machen solltest – entscheide dich einfach dafür, anzufangen.

Motivationsanleitung

Die Welt ist unterteilt in diejenigen, die es lieben, zu trainieren und diejenigen, die es bevorzugen darüber zu sprechen, warum sie trainieren sollten. Wenn du immer noch „Glücksfaktor-Anfänger" bist, sind kurzfristige Ziele motivierender als langfristige. Sag dir zum Beispiel: „Es ist ein schöner Tag für einen Spaziergang. An der frischen Luft wird mein Kopf frei." Das ist motivierender als: „Ich muss eine Runde um den Block gehen, um meinen Cholesterinspiegel zu senken."

* „Ich möchte mich kraftvoller und optimistischer fühlen." Versuche den Wecker 15 Minuten früher klingeln zu lassen und gehe eine kleine Runde spazieren. Du wirst von Tagesbeginn an positiver gestimmt sein.

* „Ich möchte mich ruhiger und glücklicher fühlen." Wenn du angespannt oder verärgert bist, wird Sport dir dabei helfen, Spannungen abzubauen.

* „Meine Probleme wachsen mir über den Kopf." Viele Menschen – einschließlich Geschäftsleute und Politiker – gehen Walken oder Joggen, wenn sie sich mit einem Problem auseinandersetzen müssen.

* „Ich möchte Gewicht verlieren und großartig aussehen." Viele Menschen verlieren mehr Gewicht durch Training, als durch eine Diät.

* „Ich möchte jünger aussehen." Sport hält das Blut gesund und hilft der Haut, sich zu erneuern und ihre Zellen aufzufrischen. Du wirst auch besser schlafen können. Alles in allem lässt dich das jünger und kraftvoller fühlen.

* „Ich hasse Training." Training hassen ist so, als ob du es hasst, Arme und Beine bewegen zu können. Traininieren ist leicht. Wir sind dafür geschaffen. Du musst einfach nur langsam anfangen und nach und nach die Dosis erhöhen – jeden Tag ein wenig mehr.

Wie wäre es, wenn wir ins Fitnessstudio gingen, um glücklicher zu werden, statt um zu trainieren?

Der Geist des Glücks

„Mein Hauptanliegen ist es, ein glückliches, erfolgreiches Leben zu leben... denn ein glückliches, erfolgreiches Leben hängt sehr von unserer geistigen Haltung und Einstellung ab."

Der Dalai Lama

Glück ist wichtig für unser geistiges Wohlbefinden. Es besteht eine Beziehung zwischen den Ebenen des Glücks und der unserer spirituellen Praxis.

Der Weg zum spirituellen Glück hat nichts mit materiellem Gewinn zu tun, und alles mit der Suche nach innerem Frieden und Verständnis. Ein vorrangiges Ziel von Gebet, Kontemplation oder Meditation ist es, sich von Negativität und Anhaftung zu befreien – den Emotionen, die uns davon abhalten, mitfühlend mit anderen und uns selbst zu sein.

Alle Formen der spirituellen Praxis und Religion betonen eine Verbindung zwischen spiritueller Erfüllung und Glück. Die Fähigkeit, unsere menschlichen Gelüste – in welcher Form auch immer die Versuchung daher kommt – zu überwinden und sie zu steuern, ist ein wichtiger Teil des Lernprozesses auf dem Weg zur Erfüllung. Ein weiteres gemeinsames Thema ist die Suche nach Glück und Wohlbefinden für alle Menschen. In jeder Kirche, Moschee und jedem Tempel dieser Welt ist Glück ein gesegneter Zustand, der nicht vollständig in diesem irdischen Leben erfahren werden kann. Es kann aber angestrebt werden, es im nächsten Leben/nach dem Tod zu erfahren.

So, wie die Wiederholung von positiven Gedanken die Nervenbahnen des Bewusstseins neu programmiert, so wurden auch die spirituellen Rituale des Glücks über Jahrhunderte für die Feinabstimmung von Geist und Herz verwendet. Der Prozess des Gebets öffnet uns für die Möglichkeit der universellen Liebe und erweckt uns für unsere höhere Bestimmung.

Spirituelle Lehren beinhalten das Konzept der Vergebung, denn nur dadurch, dass wir uns selbst und anderen vergeben, können wir aus unseren Fehlern lernen, uns entwickeln und als menschliche Wesen wachsen. Irdisches Glück ist nicht perfekt. Alle spirituellen Traditionen teilen die Überzeugung, dass die ultimative Glückseligkeit erst im nächsten Leben erreicht werden kann.

Frag das Universum

„Wenn Du erst einmal eine Entscheidung getroffen hast, verschwört sich das Universum, um sie geschehen zu lassen."

Johann Wolfgang von Goethe

Wem ist nicht schon einmal etwas Außergewöhnliches passiert, dass das Leben verändert hat? In einer Sekunde wünschst du dir etwas und in der nächsten ist – wie von Zauberhand – der Wunsch erfüllt. Das sind die Momente, in de-nen die Idee vom Schutzengel real, und sich das Universum sehr um unsere Bedürfnisse zu kümmern scheint. „Sei vorsichtig, was du dir wünschst", könnten Freunde sagen, oder „Bitte, und das Universum wird liefern."

Viele Menschen sind instinktiv davon überzeugt, dass wir uns unsere eigene Realität erschaffen können, wenn wir uns – mit gutem Herzen – klar darüber sind, was wir erreichen wollen. Dieser Vorgang hat über die Jahrhunderte viele Namen bekommen: Es ist eine der Funktionen des Gebets, wird das ‚Gesetz der Anziehung' genannt und wurde auch mit dem umstrittenen Begriff ‚kosmischer Bestellservice' tituliert.

Die deutsche Autorin Bärbel Mohr war die erste, die den Begriff ‚kosmische Bestellung' prägte. Wenn wir uns voll und ganz auf die Dinge, die wir vom Leben wollen, konzentrieren, werden sie wahr – wir können unser Schicksal ändern. Ganz ähnlich ist das beim ‚Gesetz der Anziehung' – auch dieses konzentriert sich auf die Macht des Denkens: Wenn wir die Dinge in einem negativen Licht sehen, werden wir Negativität in unsere Welt ziehen. Wenn wir aber eine sehr präzise und positive Vision von dem proji-zieren, wie wir möchten, dass unsere Zukunft aussieht, wird das Universum bei der Verwirklichung helfen. Die Idee, dass wir Ergebnisse mit der Kraft unserer Gedanken beeinflussen können (vorausgesetzt, wir nutzen diesen Einfluss für das Gemeinwohl), ist verführerisch.

Entwickele ein glückliches Gehirn

„Neuronen, die zusammen feuern, verbinden sich."

Donald Hebb

Wir wissen sehr wenig über das menschliche Gehirn – oder genauer gesagt: ein extrem kleiner Teil der Menschen – die Neurowissenschaftler – wissen, im Vergleich zum Rest von uns, sehr viel über das Gehirn. In der Tat hat sich ihr Wissen in den letzten 20 Jahren verdoppelt, trotzdem sprechen sie davon, dass das Gehirn das letzte Geheimnis des menschlichen Körpers ist.

Interessanterweise scheint jede neue Entdeckung mehr Beweise für die Formbarkeit des Gehirns zu liefern: seine Fähigkeit, sich im Laufe der Zeit anpassen und neu zu erfinden. Eine wichtige Rolle spielt hierbei der vordere Bereich des Gehirns, der präfrontale Kortex. Dieser ist ein einzigartiges menschliches Merkmal, der es uns ermöglicht, frei zu wählen, ein Gefühl von richtig oder falsch zu entwickeln und unsere Emotionen zu regulieren. Er hat großen Anteil daran, wer wir sind.

Auch Liebe stimuliert das Gehirn in positiver Weise.

Was hat das alles mit Glück zu tun? Das Gehirn wandelt sich ständig und während wir unser Denken ändern, stärken oder schwächen wir die Verbindungen zwischen den Zellen, den Neuronen. Je öfter wir ein und denselben Gedanken wiederholen – egal ob positiv oder negativ, glücklich oder traurig – desto stärker wird die Verbindung.

Unsere Gedanken nehmen, genau wie die meisten von uns, gerne Abkürzungen. Stell dir vor, jemand läuft nicht um eine Grünfläche herum, sondern quer über sie hinüber. Beim ersten Mal wird man kaum einen Fußabdruck erkennen, wenn aber andere es ihm gleich tun, dauert es nicht lange und ein neuer Weg entsteht.

Ein höheres Maß an Gehirnaktivität in der linken Seite des präfrontalen Kortex ist mit positiven Emotionen und Wohlbefinden verbunden. Diese Seite des Gehirns bremst negatives Denken. Wenn du also regelmäßig übst, positiv zu denken, werden die Nervenbahnen im Gehirn, die mit Positivität verbunden sind, gestärkt.

Die Strömung von verschiedenen Neurotransmittern im Gehirn ändert sich von Zeit zu Zeit. Interessant ist, dass sich die Anzahl der Glückshormone – wie z.B. Dopamin – erhöht, wenn Menschen bewusst Dankbarkeit praktizieren.

Auch die Liebe stimuliert das Gehirn in einer positiven Weise. Jemand, die/der verliebt ist, braucht nur ein Bild von ihrem/seiner Liebsten ansehen, um die Teile des Gehirns, die mit Positivität und Belohnungen verknüpft sind, zu aktivieren.

Es gibt Anzeichen dafür, dass das, worauf wir unsere Aufmerksamkeit lenken, die Art wie wir denken, verändert. Wenn wir nur auf all die Dinge achten, die uns verrückt, wütend und unglücklich machen und diesen Gedanken nachhängen, werden wir deren Macht stärken. Wenn wir uns aber dafür entscheiden, das Negative in etwas Positives zu wandeln, oder uns bewusst auf positive und glückliche Erinnerungen konzentrieren, dann werden die dazugehörigen Neuronen gestärkt.

Denjenigen, die sich mit alternativen Heilmethoden beschäftigen, ist das seit Jahren bekannt. Jetzt aber gibt es Beweise, die auch der traditionellen medizinischen Prüfung standhalten.

Nutze sie oder verliere sie

Wenn wir älter werden, verlieren wir nach und nach einige unserer Gehirnzellen. Dieser Prozess wird ‚kortikale Verdünnung' genannt. Im Alter von 80 Jahren haben wir etwa 4% der Gesamtzahl der Gehirnzellen verloren. Es scheint jedoch so zu sein, dass das Gehirn, genau wie der Rest des Körpers, von Training profitiert. In einer wissenschaftlichen Studie wurden die Gehirne von Meditierenden und Nicht-Meditierenden der gleichen Altersstufe verglichen. Diejenigen, die regelmäßig meditierten, verfügten über mehr Gehirnzellen.

Stell dir Glück als eine bodenlose Kanne voll Freude, Talent, Hoffnung und Dankbarkeit vor. Je mehr du hineinfüllst, desto mehr kannst du anderen daraus geben – je weiter du den Inhalt verbreitest, desto glücklicher wirst du dich fühlen. Die Möglichkeit, Mitgefühl und Freundlichkeit zu empfinden, stärkt unsere Lebensenergie und -freude. Und so wird die Kanne immer bis zum Rand gefüllt bleiben. Wenn du aber deine Portion Glück nur für dich alleine verwenden willst, wird der Inhalt der Kanne sich verflüchtigen. Und je weniger du für andere verwendest, desto mehr Platz bleibt für Wut, Ärger und düstere Gedanken – das Glücksgefühl löst sich rasend schnell in Nichts auf.

Auf wie viele Arten hast du in letzter Zeit gelacht?

Laut Journalist Nick Harding hat Marathi (eine von 40 Millionen Indern gesprochene Sprache) mindestens acht verschiedene Worte, um Lachen zu beschreiben.

Khudukhudu: das sanfte Kichern eines kleinen Kindes

Phidiphid: raues Lachen

Hyahya: höfliches Lachen

Khadakhada: das laute Lachen eines Kindes

Khaskhas: mildes Kichern

Khokho: lautes, gewaltiges Lachen

Khikhi: lachen, wie ein Pferd

Phisphis: spottendes, herablassendes Lachen

Erkenne die Symptome

„Nur wir selbst können unseren Geist befreien."

Bob Marley

Die Symptome des Glücks sind leicht zu erkennen und sie sind ansteckend. Vor allem Kinder sind dazu fähig, schnell einen Glücksanfall zu bekommen und mit großer Freude weiter zu reichen.

Lautes Lachen, breites Lächeln, der Wunsch zu laufen, zu springen, zu schreien, neue Dinge auszuprobieren… das alles sind Symptome und freudige Auswirkungen des Glücks. Vielleicht dauert der Moment nicht lange an, aber – egal: es macht riesigen Spaß.

> **Es ist klug, zu versuchen, sich vor der Macht der negativen Gedanken zu schützen, bevor du ihnen ausgesetzt bist.**

Un-Glückssymptome sind leider auch ansteckend. Sie setzen sich zwar langsamer fest, können dafür aber länger anhalten und zeigen sich auf vielerlei Arten. Es ist klug, zu versuchen, sich gegen die Macht der negativen Gedanken zu immunisieren, bevor du ihnen ausgesetzt bist. Wenn du aber bereits mit ihnen in Kontakt gekommen bist, ist es von Vorteil, dein positives Denken kräftig anzukurbeln.

Die häufigsten Anzeichen von chronischer Negativität sind:

Vorwürfe. Du gibst dir selbst, deiner Familie, deiner Arbeit, den Umständen die Schuld daran, wie du dich fühlst.

Bedauern. Du hast ein allgemeines Gefühl von Traurigkeit, leidest unter Gefühlen der Angst und Einsamkeit, dem Gefühl, nicht liebenswert und im Stich gelassen worden zu sein. Du bist generell enttäuscht vom Leben, deinen Freunden oder deinen Leistungen.

Ängstlichkeit. Du fühlst dich überfordert, machst dir Sorgen wegen deiner Verantwortlichkeiten und den Forderungen, die andere dir gegenüber haben.

Selbstzerstörerisches Verhalten. Du bist vielleicht bissig und schlecht gelaunt, dir fehlt es an persönlicher Motivation. Du hast zu viel gegessen, geraucht, getrunken und dich zu wenig bewegt. Und dann überkommt dich Selbstmitleid wegen gesundheitlicher oder finanzieller Probleme.

Vereinsamen. Jeder hat persönliche Dämonen und selbstzerstörerische Gewohnheiten, die das Glück von Zeit zu Zeit auf die Probe stellen. Menschen neigen dazu, sich zurück zu ziehen, wenn sie unglücklich sind. Diese negativen Gefühle und Verhaltensweisen können aber auch Hilfeschreie sein; selbst wenn du gleichzeitig damit genau die Menschen wegschubst, die sich um dich kümmern möchten.

Vorzeitiges Altern. Unzufriedenheit zeigt sich auch am Körper. Unglückliche Menschen wirken eingefallen, sie scheinen mehr Falten vom vielen Stirnrunzeln zu haben. Manchmal vernachlässigen sie auch ihr Äußeres und alles an ihnen sieht müde aus: Haare, Zähne, Nägel, die Kleidung…

Die gute Nachricht ist, dass du nicht glücklich sein musst, um glücklich zu werden. Sobald du anfängst zu lächeln, deine Schultern entspannst und die Stirn glättest, passieren zwei interessante Dinge:

- Das Gehirn reagiert mit der Freisetzung von Endorphinen, (den ‚Attraktionshormonen') und Oxytocin (dem ‚Kuschelhormon') Du fühlst dich sofort positiver, entspannt und attraktiv.
- Um dich herum verhalten sich alle Menschen positiver.

Das Ergebnis ist: das Gehirn lernt, glücklich zu werden – auch wenn du zunächst nicht das Gefühl hast. Die anderen Geheimnisse des Glücks können auch leicht erlernt werden. Wenn du ab und an übst, bringen sie dich sicher durch härtere Zeiten und du kannst sogar noch andere mitziehen.

KAPITEL 3

Die Grenzen auf dem Weg zum Glück

Grenzen abbauen

„Sehr wenig ist nötig, um ein glückliches Leben zu führen, es ist alles in dir selbst, in dem, wie du denkst."

Mark Aurel

Es ist bereits viel geschrieben worden über die Macht des positiven Denkens und die Art und Weise, wie sich darüber Bereiche des Gehirns nach einer Weile erneut verknüpfen. Um aber das positive Denken zur neuen Gewohnheit werden zu lassen, musst du zunächst von den negativen Gedanken ablassen, die dich bisher so sicher geleitet haben.

Unser Stöhnen, Ächzen und Schimpfen mag – individuell gesehen – gar nicht so schlimm erscheinen. Wenn das Jammern aber unbemerkt zur Gewohnheit wird, können die Auswirkungen langfristig verheerend sein. Mit negativen Gedanken leitest du dein Gehirn dazu an, negativ zu sein. Diese Gedanken werden deine Entscheidungen und dein Handeln und schlussendlich auch die daraus resultierenden Ergebnisse und deinen Blick auf die Welt beeinflussen. Sie nehmen dir die Lebensfreude, schüren Neid und Unzufriedenheit und lassen dich meinen, dass andere Menschen ein erfüllteres, leichteres Leben führen. Für manche endet dies in einer Depression, denn die Art, wie wir denken, beeinflusst die Chemie unseres Körpers – Widerstandsfähigkeit und körperliches Wohlbefinden leiden unter der Negativität.

Dieser Teil des Buches bietet Strategien zur Beseitigung der von dir versehentlich aufgestellten Hindernisse auf dem Weg zum Glück. Nur wenige sind wirklich so unpassierbar, wie sie scheinen. Alle von ihnen sind einfach zu umgehen, sobald du verstanden hast, warum sie da sind. Die Zutaten für den Erfolg sind Selbstbewusstsein, positives Denken, Praxis und Durchhaltevermögen – allesamt wertvolle Ergänzungen zu deinem Glückswerkzeugkasten.

In deinem Element sein

„Dein Element – der Ort, an dem die Dinge, die du gerne tust und die Dinge, die du gut machst, zusammen kommen."

Sir Ken Robinson

Wie zufrieden bist du mit deiner Arbeit? Liebst du, was du tust oder ist die Arbeit einfach nur ein Mittel zum Zweck? Gibt es in deinem Leben eine Grenze zwischen Arbeit und Freizeit? Oder geht das eine nahtlos in das andere über? Begeistert dich deine Arbeit oder zieht sie Energie? Liebe was du tust und tu was du liebst – diesen Prozess nennt Ken Robinson ‚In deinem Element sein'.

Ken Robinson denkt leidenschaftlich über die Bedeutung von Kreativität in unserem Bildungssystem im Bezug auf unsere persönlichen Entwicklung. Er glaubt fest daran, dass jeder von uns einzigartige Talente und Fähigkeiten hat, die uns begeistern und uns viel mehr erreichen lassen, als wir uns derzeit vorstellen können. Aber um herauszufinden, was diese Talente sind, müssen wir uns in die Welt unserer Vorstellungskraft, unserer Intuition und unserer Sinne begeben – und uns dort anregen lassen.

Die Erfolgswerkzeuge sind Selbstbewusstsein, positives Denken, Praxis, und Beharrlichkeit – zusammen sind sie deine Glücksregel.

Außerdem müssen wir uns von selbstbegrenzenden Vorstellungen darüber, was wir nicht tun können oder worin wir nicht gut sind, lösen. Viele dieser Einstellungen gehen zurück auf unsere Schulzeit, in der der Weg durch Prüfungen darüber funktionierte, dass wir uns darauf konzentrierten, was wir gut konnten, anstatt auf die Dinge, die wir am meisten liebten. Der Weg zu deinem Element bedeutet, von eingefahrenen Vorstellungen loszulassen und deinen Geist für neue Erfahrungen und Möglichkeiten zu öffnen. Wir verlieren nie unsere Fähigkeit zu lernen, zu wachsen und uns zu verändern und wir verdienen es, Arbeit zu finden, die uns glücklich macht und die wir lieben.

Deaktiviere die Glücksbarrieren

Die Hindernisse auf dem Weg zum persönliche Glück sind oft die gleichen Barrieren, die die effektive Kommunikation mit anderen Menschen blockieren. Wir denken so oft, wir seien aufmerksam oder drückten uns verständlich aus, dabei ist das Gegenteil der Fall. Hier sind zehn Möglichkeiten, um mit wenigen Worten effektiv zu kommunizieren. Dass dein Gegenüber sich anerkannt, gehört und respektiert fühlt, ist das größte Glück. Wie sagt schon das Sprichwort? Der Mensch hat zwei Ohren und eine Zunge, damit er doppelt so viel hören kann, wie er spricht.

Lächle

Kommuniziere mit deinen Augen

Zeige Begeisterung

Zeige Interesse

Stell dein Handy ‚stumm'

Sei aufmerksam

Sei ehrlich

Respektiere Unterschiede

HÖR einfach zu

Zeige Dankbarkeit

Praktiziere die Glücksregel

Es gibt viele einfache Möglichkeiten, die Glücksregel im täglichen Leben zu etablieren. Hier sind ein paar Tipps, um die Laune zu heben, wenn Stöhnen und Murren die Oberhand gewinnen:

* Achte auf deine Ausdrucksweise. In dem Moment, in dem du dich selbst passive Worte, wie *ich will, ich sollte, ich könnte* sagen hörst (oder diese denkst), tausche sie gegen aktivere Worte, wie *ich kann, ich will, ich bin*. Du wirst dich glücklicher fühlen, denn die von dir gewählte Audrucksweise gibt dir Kontrolle über dein Leben.

* Lerne, Nein zu sagen. Geschäftige Menschen neigen dazu, zu oft einfach Ja zu sagen. Unkonkrete Menschen wiederum sagen Ja, weil sie nicht schaffen, Nein zu sagen. Ein einfacher Satz, wie „Ich kann dir nicht helfen, da ich zu beschäftigt bin", entzerrt die Situation.

* Wecke deine Sinne. Deine Sinne senden Nachrichten ans Gehirn. Wenn deine Sinne wach sind, fühlst du dich lebendiger. Konzentriere dich voll und ganz auf das, was du in jedem Augenblick des Tages tust. Jede Aufgabe bringt Freude mit sich: ein Rotkehlchen sehen, während du jätest; der Duft der Zutaten beim Backen; die Geräusche, die deine Kinder machen, während sie ihre Welt entdecken; die Berührung eines geliebten Menschen. Die Wertschätzung der kleinen Dinge weckt das Bewusstsein für die großen und hilft uns, uns wieder mit unserem wahren Selbst in Kontakt zu bringen.

* Entspanne dich, atme und steh gerade. Der Körper hält Spannung. Wenn wir ängstlich sind, wird unsere Atmung flach und wir ziehen unsere Schultern hoch. Durch tiefe Atemzüge und das Ausschütteln der Schultern werden Verspannungen gelöst und die Körperhaltung gebessert. Du fühlst dich sofort leichter.

* Achte auf deinen Körper. Nimm dir Zeit für ein Bad oder eine heiße Dusche, trag dein Lieblings-T-Shirt, massiere deine Haut. Die Haut ist das größte Organ

des Körpers. Sie braucht Sauerstoff und Nährstoffe, um gesund zu bleiben und dich schützen zu können. Wenn es dir körperlich gut geht, fühlst du dich auch psychisch besser. Achte darauf, genügend zu schlafen. Im erschöpften Zustand fällt es schwer, glücklich zu sein.

* Lache! Erinnerst du dich daran, wie es sich anfühlt, sich vor Lachen zu schütteln? Wie es ist, wenn dich ein Moment voller Freude – geteilt mit jemandem, der dir wichtig und lieb ist – komplett einnimmt? Lachen löst Spannungen und glättet deine sorgenvoll gerunzelte Stirn. Es braucht nicht viel, damit du loskichern kannst: denk einfach an etwas Lustiges, das dir in der Vergangenheit passiert ist. Ruf einen Freund an und erzähle einen dummen Witz. Lies dein Lieblingscomic. Finde das Absurde im Alltäglichen. Lache – mehrmals am Tag.

* Lächle! Lächeln zieht Menschen an. Es ist ein Geschenk mit positiver Absicht. Wenn du jemanden anlächelst, fühlt sich die Person willkommen und gut. Das Glück einer einzigen Person kann die Stimmung eines ganzen Raums voller Menschen heben. Wie das Sprichwort sagt: „Ein Lächeln ist ansteckend – gib' es weiter!"

* Sei nett zu anderen. Studien haben immer wieder bewiesen, dass der schnellste und befriedigendste Weg zum Glück ist, nicht permanent an sich selbst zu denken, sondern sich auf andere Menschen und das was sie brauchen zu konzentrieren. Wir Menschen sind soziale Wesen, die miteinander verbunden sein möchten. Geben und Dankbarkeit sind wesentliche Bestandteile des Glücks.

* Hör gut zu! Wenn wir das, was Menschen sagen, wirklich hören, fühlen wir uns stärker mit ihnen verbunden und empfinden mehr Mitgefühl. Und wenn wir uns gehört und verstanden wissen, fühlen wir uns geliebt und unterstützt. Wir sind zufriedener und eher dazu bereit, anderen zuzuhören und zu helfen.

Ich kann nicht klagen

„Der gegenwärtige Moment ist voller Freude und Glück. Wenn Du aufmerksam bist, wirst du es sehen."

Thich Nhat Hanh

Wenn jemand sagt: „Hallo. Wie geht's?", was antwortest du darauf? Es hängt wahrscheinlich von deinem Alter, deiner Nationalität, wie gut du die Person kennst und von deiner Stimmung ab. Oft ist die Frage nur ein erweitertes „Hallo" und keine echte Anfrage deinen Zustand betreffend. Gelegentlich nehmen Menschen die Anfrage wörtlich (in der Regel, wenn du es sehr eilig hast) und erzählen dir in der nächsten halben Stunde ausführlich ihre detailierte Krankengeschichte (Na ja, du hast gefragt...). Aber in der Regel ist die Antwort ein Seufzer, gefolgt von: „Okay.", „Ich kann nicht klagen.", „Ich halte mich wacker.", „Ich lebe noch.", oder eine ähnliche Phrase. Was heißt das eigentlich? Würde es irgendjemand sagen, wenn sie/er wirklich glücklich wäre? Wahrscheinlich nicht. Würden die Befragten sich glücklicher fühlen, wenn sie stattdessen antworteten: „Es geht mir großartig! Es ging mir nie besser!" Wahrscheinlich ja!.

Es macht in der Regel nicht mehr Mühe, einen fröhlichen Gedanken zu denken, als einen düsteren. Und dennoch verbringen viele Menschen wenig bewusst glückliche Zeit und stattdessen mehr Zeit mit Nörgeln – über das Wetter, den Verkehr, ihren Chef, ihren Partner, ihre Finanzen, ihre Kinder...

Für viele Menschen ist es normal, zu nörgeln – aber das kann heimtückisch sein. Je mehr du dich beschwerst, desto mehr Grund zu meckern wirst du finden. Und dann fangen andere um dich herum auch an, sich zu beklagen. Gespräche werden zu einem Fest für Nörgler. Jeder will dem anderen eine Nasenlänge voraus sein. „Du denkst, dein Urlaub war schlimm? Du glaubst ja gar nicht, was mir passiert ist...", „Ich weiß genau, was du meinst, ich hatte neulich das gleiche Problem...", „Die Regierung ist schrecklich...", „Früher war alles viel besser..." und so geht es weiter.

Glückliche Menschen nörgeln weniger. Sie neigen dazu, zuerst das Gute in den Dingen zu sehen und begrüßen die sich ihnen eröffnenden Chancen. Sie entscheiden sich dafür, etwas ‚zu tun' und nicht, etwas ‚nicht zu tun'. Nörgler suchen nach Fehlern, glückliche Menschen betreten Neuland.

Neustart für dein Nörgel-GPS-System

Stell dir vor, du bist auf der Urlaubsreise deines Lebens. Die Sonne scheint, du fühlst dich entspannt, das Auto ist voll bepackt und du bist bereit, neue Gefilde zu erkunden. Und jetzt kommt dein Nörgel-GPS-System ins Spiel: Jedes Mal, wenn du an einer Kreuzung stehst oder abbiegen möchtest, gibt es eine Beschwerde, einen Seufzer, oder einen Ausdruck des Bedauerns von deinem Nörgel-GPS-System. „Was für eine Schande, hier nicht links abzubiegen.", „Diese Kreuzung ist immer nervig.", „Ich hab Staus so satt.", „Das Café, das wir vor einer Stunde passiert haben, war so viel schöner als das, an dem wir jetzt halten.". Deine Laune würde sinken, der Spaß wäre vorbei! Wahrscheinlich würdest du wieder auf das Lesen von Straßenkarten umsteigen.

Es macht in der Regel nicht mehr Mühe, einen fröhlichen Gedanken zu denken, als einen düsteren.

Wenn du immer eher negativ sprichst, wirst du feststellen, dass die Leute dir nicht mehr zuhören und vielleicht sogar deine Gesellschaft meiden. Versuche stattdessen, zuerst etwas Positives zu bemerken, bevor dich die Negativität einholt. Lach über die Dinge, die dich nerven und versuche, die Chancen und nicht das Problem zu sehen. Es ist wahrscheinlich, dass diejenigen, mit denen du sprichst, deinem Beispiel folgen und deine Stimmung positiv spiegeln.

Glück schafft eine Umgebung, in der bessere Dinge möglich werden und Freude geschätzt wird. Tausch dein Nörgel-GPS-System ein gegen eins, das dankbar ist. Du wirst beginnen, die Dinge anders zu sehen und dich sofort besser fühlen.

Wähle das Glück

„Ich will ein Leben, das zischt und knallt
und das mich laut lachen lässt."

Shauna Niequist

Barry Neil Kaufman (bekannt als „Bears") ist Gründer des ‚Option Institute' in Massachussetts; seine Arbeit im Bereich des Glücks wird respektiert und ist weltweit bekannt. Für sein Buch ‚Happiness is a choice' beobachtete er Menschen über einen Zeitraum von mehreren Jahren. Er wollte sehen, ob er entdecken könnte, warum einige Menschen glücklicher sind als andere. Denjenigen, die mehr wissen wollen, empfehle ich, sein Buch zu lesen. Er benennt sechs Glücks-„Abkürzungen", die ich hier aufzeige:

1. Mach Glück zu deiner Priorität! Wie viele von uns beschweren sich darüber, unglücklich zu sein, und unternehmen nichts, um die Situation zu ändern? Wie viele von uns reden darüber, was sie zum glücklich sein brauchen und setzen diese Dinge nicht an die Spitze ihrer „to do"-Liste?

2. Sei authentisch. Viele Menschen haben Angst davor, sie selbst zu sein. Sie tragen eine Maske, um ihre wahren Gefühle zu verbergen und

machen sich Sorgen darüber, wie sie sich verhalten sollen. Wenn wir die Maske fallen lassen, werden wir weniger ängstlich sein. Wir werden uns selbst treu sein und uns so akzeptieren, wie wir sind.

3. Sei unvoreingenommen. Wenn wir an Überzeugungen von uns, Ereignissen oder anderen Menschen festhalten, halten wir unseren Geist davon ab, die Dinge mit anderen Augen zu betrachten.

4. Sei im Hier und Jetzt. Präsenz ist das Herzstück jeder Meditationspraxis. Kaufman fügt noch hinzu: ‚Unglück existiert nicht in der Gegenwart'. Nur wenn wir vergangene Ereignisse beurteilen, oder zukünftige einschätzen wollen, werden wir unglücklich.

5. Sei dankbar. Wenn wir dankbar sind, werden wir glücklicher; wenn wir glücklich sind, werden wir dankbarer..

6. Entscheide dich für's Glücklichsein.
Das ist die beste Abkürzung überhaupt!

Schiebe nichts auf

„Verschiebe nur dann etwas auf morgen, wenn es dir nichts ausmacht, darüber zu sterben."

Pablo Picasso

Aufschub stiehlt dir deine Zeit – und er wird dir dein ganzes Leben stehlen. Der Aufschub ist ein großer Feind des Glücks, weil er nicht zulässt, dass du zuversichtlich deine Zukunft planst; entspannst, ohne dich schuldig zu fühlen; oder deine Arbeit bestens erledigst. Zauderer verpassen Partys, Urlaube, Steuererleichterungen und sogar das Kinderkriegen, weil sie es nicht schaffen, Prioritäten zu setzen. Die Kunst der chronischen Verzögerung: Sorgen als Angst verkleidet und mit Vermeidung, Schmerz und Schuld ausgestattet. Alle Freuden im Leben eines Zauderers fühlen sich heimlich gestohlen an, denn egal, wo du dich gerade befindest: du solltest eigentlich woanders sein und etwas anderes tun.

Ein guter Zeitplan kann froh machen und damit ein Weg zum Glück sein.

Chronische Zauderer empfinden Selbsthass, weil sie wissen, dass sie andere Menschen mit ihren Verzögerungen nerven. Indem sie andere enttäuschen, enttäuschen sie sich selbst. Was auch immer die Ursache sein mag (und es gibt viele verschiedene Gründe), das zugrunde liegende Problem ist die Überzeugung, dass sie nie irgendwo rechtzeitig sein oder etwas pünktlich fertig bekommen werden. Natürlich ist das weit entfernt von der Wahrheit.

Viele Zauderer versuchen sich auf Umwegen vom eigentlichen Thema abzulenken. Sie stellen Kreuzworträtsel fertig, wenn eigentlich ein Brief geschrieben werden sollte, räumen Schubladen auf, wenn sie sich eigentlich für die Arbeit anziehen sollten, oder lösen Probleme von anderen, wenn sie sich eigentlich auf sich konzentrieren sollten.

Ein häufiges Problem für Zauderer ist ihre Unfähigkeit, nein sagen zu können; ein weiteres die unrealistische Vorstellung davon, wie viel sie an einem Tag erreichen können. Das größte Problem aber ist der Irrglaube, ein hoffnungsloser Fall zu sein. Daraus resultiert die Tendenz, der Angst vor dem Abgabetermin zu viel Raum zu geben und darüber das Loslegen zu vergessen.

Beginne jetzt

„To do"-Listen sind Folter für einen Zauderer – es scheint nämlich so, als ob sie jeden Tag länger werden. Dabei kann ein guter Zeitplan froh machen und damit ein Weg zum Glück sein:

* Nimm dir einen Ein-Seiten-Jahresplaner zu Hand. So kannst du das ganze Jahr auf einen Blick sehen und leicht die Wochen und Tage zählen.

* Schau dich Zuhause oder am Arbeitsplatz um und mach eine Liste von allem, das du begonnen, aber noch nicht fertig gestellt hast. Wenn allein der Gedanke daran dich schon zögern lässt, schreib einfach eine Sache auf. Wenn es dir ernst mit der Suche nach dem Glück ist, leg jetzt sofort los.

* Als nächstes denk darüber nach, wann du die Aufgabe erledigt haben möchtest (oder musst). Kreis das Datum im Jahresplaner ein.

* Arbeite dich nun in Gedanken vom Abschluss der Aufgabe bis zu ihrem Anfang (also rückwärts) durch die verschiedenen Stufen des Arbeitsablaufs. Bedenke dabei die Komplexität der Aufgabe und setze realistische Zeitspannen für jeden Teilbereich. Wiederhole die Übung – jetzt jedoch unter Einsetzen der doppelten Menge an Zeit, die du urprünglich gemeint hast, zu benötigen.

* Es besteht die Chance, dass, wenn du bereits gezaudert hast, der Termin, den du errechnest, einige Tage oder Wochen vor dem heutigen Datum liegt. Du bist bereits zu spät dran und hättest längst anfangen

müssen. Jetzt ist eigentlich der Zeitpunkt, an dem du in Panik gerätst und beginnst, zur Ablenkung etwas ganz anderes zu erledigen. Stattdessen sagst du dir, dass du drei Möglichkeiten hast: die Abgabefrist verlängern, jemanden um Unterstützung bitten, oder beides. Den Kopf in den Sand stecken und so zu tun, als ob die Zeit formbar sei, ist keine Option mehr – das geht ab jetzt nicht mehr.

* Der letzte Schritt ist, einen Zeitplan aufzustellen – vorzugsweise einen farbigen, lebendig gestalteten. Lege ihn so an, wie er für dich stimmig ist, damit er zu dir und der zu erledigenden Aufgabe passt.

* Zeichne einen Zeitplan oder erstelle ihn in Excel: die Hauptsache ist, dass du die fertige Version an die Wand hängen kannst und sie so ständig im Blick hast. Du kannst dich von deinem Online-Tagebuch erinnern lassen, wenn es dir hilft. Der Trick ist, zu jeder Tageszeit etwas vor Augen zu haben, das dich daran erinnert, was zu tun ist.

Zwei wichtige Punkte sind zu bedenken. Erstens: Setze NICHT die tatsächliche Frist als geplanten Termin ein. Achte darauf, dass du den Termin in deinem Zeitplan gut zwei Wochen (oder sogar mehr) vor den eigentlichen Abgabetermin legst. Das ist die goldene Regel. Falls erforderlich, trage das wirkliche Datum überhaupt nicht in deinen Zeitplan ein. Dann wird dein Gehirn nicht abgelenkt.

Regel Nummer zwei ist: Markiere den Startpunkt in einer helleren Farbe als den Endtermin, und streiche sie ab, wenn sie erledigt sind. Die meisten Zeitschienen setzen den Fokus auf Fertigstellungstermine. Das ist für Zauderer überhaupt nicht von Nutzen.

Der Trick ist, zu jeder Tageszeit etwas vor Augen zu haben, das dich daran erinnert, was zu tun ist.

Sobald du merkst, wie toll es ist, Aufgaben zum passenden Termin erledigt zu haben, ändert sich langsam deine Einstellung zu dir selbst – und du wirst außerdem Zeit dazu haben, glücklich zu sein.

Das ‚Folge dem Glück'-Projekt

„Wir versuchen, den Spatz des Glücks zu finden und werden doch auch immer wieder von den Tauben der Unzufriedenheit geplagt."

Gretchen Rubin

Als ich über Gretchen Rubins Konzept der ‚Tauben der Unzufriedenheit' stolperte, lachte ich laut auf. Als Gründerin des Happiness-Projektes hat sie eine Reihe von praktischen Tipps und Strategien entwickelt, um Menschen zu helfen, Hindernisse auf dem Weg zum Glück auszuräumen. Ihre Philosophie ist, dass die ‚Tauben der Unzufriedenheit' uns oft bei unserer Suche nach dem Glück behindern. Viele Probleme können jedoch mit einfachen und praktischen Strategien und durch die bewusste Veränderung unserer Gewohnheiten gelöst werden.

Ein weiterer Glücksguru, der sich auch auf das Konzept der Unzufriedenheit und Enttäuschung konzentriert, ist Dan Gilbert, Professor für Psychologie an der Harvard University. Er lehnt die akzeptierte Meinung, dass Wahlmöglichkeiten uns glücklich machen, ab und ist der Auffassung, dass die meisten Menschen durch die Möglichkeit, ihre Meinung ändern zu können, gereizt und unzufrieden werden.

In einem Experiment, dass er viele Male wiederholt hat, bittet er Teilnehmer, sieben Monet Gemälde in der Reihenfolge der persönlichen Präferenz zu bewerten. Im Anschluss daran erzählt er, dass er der Person gerne zum Andenken einen Druck mitgeben möchte, er aber nur Kopien der auf Platz drei und vier gewählten Bilder vorrätig hat. Dann bittet er darum, die gleichen Bilder noch einmal zu bewerten. Das Lieblingsbild bleibt auf dem ersten Platz, aber der gewählte ‚Souvenir'-Ausdruck bewegt sich auf den zweiten Platz. Der abgelehnte Druck bewegt sich nach unten auf den sechsten Platz. Obwohl es am Anfang keine wirkliche Präferenz für ein Erinnerungsbild gibt, hat sich am Ende des Experiments eine falsche Präferenz entwickelt.

Menschen scheinen Klarheit in ihrem Streben nach Glück zu mögen.

Selbstgefälligkeit adé

„Bedenke – wenn du in der Lage bist, Dinge als selbstverständlich ansehen zu können, bist du bereits über alle Maßen gesegnet."

Andrew Bienkowski

Viele von uns erkennen nicht, wie glücklich sie sind, weil sie ihr gegenwärtiges Leben als selbstverständlich betrachten. Wir sind immer auf der Suche nach Fehlern und wünschen uns etwas anderes. Vertrautheit und Routine bedrohen die Besonderheit von dem, was wir haben.

Die meisten Kinder und Jugendlichen sind selbstzufrieden – vor allem diejenigen, die mit den materiellen Annehmlichkeiten der westlichen Welt aufgewachsen sind. Sie nehmen ihre Ausbildung für selbstverständlich und erwarten, gefüttert zu werden. Die meisten wissen, dass sie geliebt werden – viele bekommen Kleidung, Gadgets oder Urlaub von den Eltern bezahlt. Kinder verdienen es, sich sicher und geborgen zu fühlen, bis sie dazu bereit sind, in die Welt hinaus zu ziehen. Es ist Teil der Abmachung. Sehr oft entwickeln Kinder erst ein Gefühl der Wertschätzung, wenn sie von zu Hause ausziehen oder selbst eine Familie gründen.

Aber wenn sich dieses Muster – bekommen ohne zu geben, empfangen ohne zu erwidern – manifestiert, ist das sowohl für Geber, als auch für Empfänger von Nachteil. Selbstzufriedenheit zeigt sich in einem Mangel an Bewusstsein anderen gegenüber und in der Abwesenheit von Dankbarkeit. Es ist durchaus möglich, kurzfristig Spaß zu haben und zur gleichen Zeit selbstgefällig zu sein. Aber langfristig können Freundschaften, Beziehungen oder materieller Komfort auf's Spiel gesetzt werden, wenn keine Selbstkontrolle geübt wird.

Selbst diejenigen, die ein schwieriges Leben gehabt haben, müssen sich davor hüten, selbstgefällig zu sein. Zu wissen, wie es sich anfühlt, abgelehnt zu werden, kann dabei helfen, Freundschaft wertzuschätzen. Lerne unvoreingenommen, wie man andere besser behandelt, als du selbst behandelt worden bist.

Viele von uns erkennen nicht, wie glücklich sie sind, weil sie ihr gegenwärtiges Leben als selbstverständlich betrachten.

Die Natur der Dankbarkeit

Denk nach: Gibt es irgendjemanden, der sich in der Vergangenheit um dich gekümmert hat und dem du vergessen hast, dafür zu danken? Gibt es aktuell jemanden in deinem Leben, der immer für dich da ist – jemand, den du fast schon für selbstverständlich hältst? Und während deiner Schul- und Ausbildungszeit? Wer hat dich unterstützt?

Bedanke dich für die kleinen Dinge. Danke zu sagen – vor allem für die Dinge, die uns selbstverständlich zuteil werden – ist jeden Tag die einfachste Art, jemandem das Gefühl zu geben, dass er geliebt und geschätzt wird. Ein spontanes Danke, ein freundliches Lächeln, viel Blickkontakt und vielleicht eine Umarmung kann aus den langweiligsten Pflichten die glücklichste Aufgabe der Welt machen.

Mach etwas auf eine andere Art. Gedächtnisexperte Tony Buzan sagt, dass sich der Geist an Dinge erinnert, die anders sind und nicht an die, die gleich sind. Wenn also dein Alltag immer gleich aussieht, wirst du selbstgefällig werden, weil du nicht mehr länger bemerkst, was du tust. Wenn du dir die Mühe machst, die Dinge mal anders anzugehen, einfach mal die Verantwortlichkeiten tauschst, oder dich mit einer überraschenden Geste bedankst, wird dir dies lange in Erinnerung bleiben und große Wirkung erzielen.

Gib bevor du etwas bekommst. Wir brauchen keinen Grund, jemandem, der uns lieb ist, zu zeigen, dass wir ihn schätzen. Sei spontan und zeige jemandem, wie sehr du ihn schätzt - bevor er etwas für dich getan hat.

Versetz dich in jemand anderen. Die Welt durch die Augen einer anderen Person wahrzunehmen hilft dir garantiert dabei, die andere Person besser zu verstehen. Solche Handlungen sind es, die Verständnis schaffen.

Wir sind alle miteinander verbunden

Doris Pilkington (Nugi Garimara) ist eine preisgekrönte, von Aborigines abstammende, australische Autorin. Bekannt wurde sie mit ihrem Buch ‚Long Walk Home', das unter dem Titel ‚Der lange Weg nach Hause' grandios verfilmt wurde. Ich besuchte vor ein paar Jahren eine ihrer Gesprächsrunden und wurde von ihren ersten Sätzen in den Bann gezogen. Sie erzählte, dass, wenn du einem Aborigine die Frage: „Wie geht es dir heute?" stellst, du dich nicht nur über seine Befindlichkeit informierst, sondern auch über die seiner Vorfahren. Die Frage wird sehr ernst genommen, denn Wohlbefinden dreht sich nicht nur um den Einzelnen. Es geht um alles, was mit der Familie und der Gemeinde verbunden ist, also die Umwelt im weitesten Sinne. Und darum eben auch um die Vergangenheit, denn wir sind alle miteinander verbunden und wir haben eine gemeinsame Geschichte. Dieses Konzept hat mich umgehauen.

Sei spontan und zeige jemandem, wie viel dir an ihm liegt – bevor derjenige etwas für dich getan hat.

Die Frage gewinnt sofort an Bedeutung, wenn sie mit solcher Aufrichtigkeit gestellt wird und die Antwort darauf eine so große Perspektive hat. „Wie. Geht. Es. Dir?" Wie kannst du das jetzt jemals wieder ‚einfach so' fragen?

Wären wir alle glücklicher, wenn wir die Frage wirklich ernst nehmen würden? Wenn es uns beim Fragestellen um eine ehrliche Antwort ginge? Diejenigen, die halbherzig, „Danke. Gut." antworten, meinen ja oft: „Eigentlich geht's mir nicht gut. Ich bin nicht wirklich glücklich und würde mich freuen, wenn jemand Zeit hätte, mit mir etwas zu plaudern."

Wenn jemand unglücklich ist, ist das meistens eine Reaktion auf das, was ihn umgibt. Etwas ist aus dem Gleichgewicht. Im Gespräch hast du die Chance, die Stimmung deines Gegenübers zu beeinflussen, damit er sich wieder verbunden fühlen kann. Und: Wenn du einer Person Aufmerksamkeit schenkst, wird dieses Geschenk sicher auch weitergereicht.

Die Person, die sich gehört und unterstützt fühlt, wird eher antworten: „Es geht mir gut, danke. Großartig sogar." und das gibt dir die Möglichkeit zu sagen: „Das ist ja wunderbar. Erzähl mir bitte, was gerade in deinem Leben passiert."

Ärger verstehen

„Mit jeder Minute, die du ärgerlich bist,
verlierst du 60 Sekunden Freude."

Ralph Waldo Emerson

Ärger und Wut sind sehr raumeinnehmend. Diese starken Emotionen können die Kontrolle über dich erlangen – körperlich und geistig. Es ist natürlich, sich von Zeit zu Zeit irritiert und wütend zu fühlen. Die Ironie hierbei: Wenn wir an diesen Gefühlen festhalten – oder diese außer Kontrolle geraten – nehmen wir mehr Schaden, als die Person (oder Situation), auf die wir wütend sind.

Wenn wir wütend werden, steigt unser Blutdruck und die Herzfrequenz erhöht sich. Wir fangen entweder an, frustriert zu weinen oder es kommt zu einem Wutausbruch. Wenn wir glücklich sind, ist die körperliche Reaktion ähnlich, aber mit dem Ergebnis, dass wir vor Freude lachen. Es ist sehr schwierig, Wut und Glück gleichzeitig zu fühlen.

Die effektivste Waffe gegen Zorn ist Humor, weil er die Macht hat, einen Gemütszustand in einen anderen zu wandeln. Aus genau dem Grund wird das Kind, das auf dem Spielplatz gemobbt wird, oft zum Clown, um den Schwierigkeiten zu entgehen. Und darum sind internationale Diplomaten oft witzig und charmant: um schwierige Situationen zu entschärfen, bevor sie eskalieren.

Als wir Kinder waren, hat mein jüngerer Bruder mich verrückt gemacht. Er wollte das nicht – aber so ist es halt mit ‚kleinen Brüdern'. Er lernte bald, mit meiner Reaktion umzugehen. Wenn er bemerkte, dass ich wütend auf ihn wurde, fing er an zu lachen. Und je wütender ich wurde, desto mehr lachte er (ein bisschen nervös vielleicht, aber dennoch). Nach wenigen Augenblicken wirkte sein Lachen ansteckend. Es ist schließlich schwer, ernst zu bleiben, wenn jemand anderes sich vor Lachen ausschüttet. Es dauerte nie lange, bis ich auch lachen musste. Die Stimmung änderte sich und was auch immer der Grund für den Ärger war, war nicht mehr wichtig.

Manchmal aber liegt die Wut viel tiefer. Sie kann das Ergebnis von emotionalem Schmerz sein – ein über einen langen Zeitraum angestauter Groll. Es kann eine tief verwurzelte Wut sein, die du nicht loslassen willst. Im Laufe der Zeit wird sie ein Teil von dir und kann zu Gefühlen der Depression führen. Ein Nicht-Akzeptieren der Emotionen führt dazu, dass sie sich verfestigten und zu unpassender Zeit hoch kommen. Es ist schwer, glücklich zu sein, wenn du eine solche Last trägst.

Die Kraft der Vergebung

Das Mittel gegen tief verwurzelte Wut ist Vergebung. Es ist die Entscheidung, Ressentiments los zu lassen und der Person, die dich verletzt hat, zu vergeben. Das heißt nicht, dass du tolerieren sollst, was dir angetan wurde (obwohl die Verantwortlichkeiten ja oft auf beiden Seiten liegen), sondern, dass du dich – unabhängig von der anderen Person, die vielleicht noch nicht zur Veränderung bereit ist – von deiner Wut befreien sollst. Das ist natürlich nicht unbedingt einfach.

Einige Opfer von Gewaltverbrechen beschreiben, dass sie den Prozess der Vergebung regelmäßig wiederholen müssen, weil die Erinnerungen zurückkommen – und mit ihnen die Gefühle. Diejenigen, die Erfolg haben und Vergebung in sich selbst finden, sagen, dass sie jetzt eine Chance haben, wieder glücklich zu sein. Mit der Vergebung kommt ein Gefühl des Friedens und die Einsicht, dass das Leben weiter geht. Es bedeutet, sich auf den Prozess der Veränderung einzulassen.

- Frage dich, „Warum halte ich an meiner Wut fest? Welchen Wert hat das?"
- „Was würde passieren, wenn ich meine Wut gegen Vergebung tausche? Wie würde ich mich innerlich fühlen?"
- Überlege, inwieweit deine aktuelle Situation dich beeinflusst hat. Bist du ein Opfer deines Ärgers, weil er ein Teil von dir geworden ist?
- Konzentriere deine Gedanken auf die Person, die dich verletzt hat. Wenn möglich, versetze dich in ihre Lage.
- Versuche, der Person aus dir heraus zu vergeben, auch wenn du ihr ihre Taten und Worte nicht vergeben kannst

Du musst diesen Prozess wahrscheinlich mehrmals durchlaufen. Aber während du deine Aufmersamkeit darauf lenkst, den Ärger loszulassen, wirst du nach und nach von dem Gefühl befreit, das einen Teil deines Lebens und deines Glücks besetzt hält.

Die Trauer lenken

„Lächle, auch wenn dein Herz bricht."

Nat King Cole

Es mag seltsam erscheinen in einem Buch, das sich um die Geheimnisse des Glücks dreht, einen Abschnitt über die Trauer zu lesen. Die meisten von uns haben jedoch bereits Zeiten der Trauer erlebt; und manchmal verharren wir in diesen Momenten. Vielleicht haben wir das Gefühl, dass wir nicht glücklich sein dürfen, weil es in gewisser Weise Verrat an der Traurigkeit und Tiefe der Emotion ist, die wir immer noch spüren. Dieser Abschnitt handelt davon, dass es keinesfalls respektlos gegenüber denen, die wir verloren haben, ist, sich für das Glück zu entscheiden. Dass muss nicht die Bedeutung des Vergangenen verringern. Glück ist der Zustand, den diejenigen, denen wir etwas bedeutuen, uns wünschen – und das Geschenk, das wir verdienen, wenn wir uns um uns selbst kümmern.

Zu einem vollkommenen Leben gehören Anfänge und Enden, Glück und Verlust. Das eine gibt es nicht ohne das andere; ohne das eine zu durchleiden, können wir das andere nicht genießen.

Wenn etwas endet, kann das sehr schmerzhaft sein. Bereits im Kindesalter werden wir damit konfrontiert. Erinnerst du dich an den Schmerz, den du empfunden hast, als du mit deinen Eltern aus der gewohnten Nachbarschaft weggezogen bist? Vielleicht haben sich deine Eltern scheiden lassen oder du hast dein Haustier verloren? Oder noch schlimmer: ein geliebter Mensch ist gestorben. Als Erwachsene erleben wir Liebe und Trennung – vielleicht sogar mehrmals. Der Schmerz des Verlustes eines Lebenspartners geht vielleicht nie vorüber.

Jedes Mal, wenn wir einen neuen Verlust erleiden, erinnern wir uns an die bereits durchlittenen. Manchmal verstärkt sich dadurch unser Gefühl der Trauer. Es kann aber auch sein, dass sich bei denjenigen, die sich dazu entschließen, aus Angst ihre intensiven Gefühle zu unterdrücken und ihren Schmerz zu verleugnen, eine Taubheit breit macht. Hier besteht Gefahr, auch zukünftiges Glück nicht mehr zu empfinden.

Die Kunst des Akzeptierens

Dr. Elisabeth Kübler-Ross war Psychiaterin, Autorin und Pionierin der Hospizarbeit. Sie widmete ihr gesamtes Arbeitsleben dem Verständnis der Natur des Todes und des Sterbens, und bestimmte fünf Seinszustände, die beim Trauern durchlebt werden:

Verleugung: Das kann nicht passieren.

Wut: Ich bin wütend, weil es passiert.

Verhandlung: Wenn ich x mache, dann lass bitte y nicht passieren.

Traurigkeit: Die erste Stufe der emotionalen Akzeptanz.

Akzeptanz: Der Zeitpunkt, an dem die trauernde Person endlich die Realität akzeptiert.

Das ganze Leben besteht aus Anfängen und Enden, Glück und Verlust.

Es ist hilfreich, diese Phasen zu erkennen, denn jeder erlebt sie anders und in einem anderen Tempo. Wenn du dich in den Tiefen der Verzweiflung befindest, kann es schwierig sein, zu glauben, dass sich deine Gefühle wieder ändern und du jemals wieder Glück empfindest. Dabei ist es realistisch, dass, wenn du geduldig bist, du sowohl akzeptieren kannst, was geschehen ist, als auch weiterhin Liebe für denjenigen empfinden kannst, den du verloren hast. Es ist möglich, neues Glück zu empfinden, ohne die Kraft der zuvor erlebten Gefühle zu kompromittieren.

Der Einsamkeit entfliehen

„Jeder Mensch hat geheime Sorgen, die die Welt nicht kennt; und oft bezeichnen wir jemanden als kalt – dabei ist er nur traurig."

Henry Wadsworth Longfellow

Hast du jemals die Erfahrung gemacht, festzustellen, dass jemand, den du kennst, sich nicht mehr meldet? Wie hast du reagiert? Hast du dich durch den plötzlichen Mangel an Interesse abgelehnt gefühlt? Hast du der Person eine Nachricht geschrieben oder sie angerufen? Oder hast du gedacht, der andere kann sich auch bei dir melden? Nur zu oft nehmen wir ein Nicht-Melden persönlich, statt uns einfach zu fragen, was beim anderen los ist.

Einsamkeit und Glück sind eher selten Gefährten. Wenn eines auftaucht, verschwindet das andere meistens. Menschen sind von Natur aus soziale Wesen. Wenn wir uns traurig oder alleine fühlen, scheint der Spaß und das Lachen der anderen uns zu verspotten. Andererseits kann uns das Wiederentdecken des Glücks die Einsamkeit fast augenblicklich vergessen machen. Alle Sorgen scheinen leicht zu handhaben und das Leben ist wieder lebenswert.

Wie wird aus einer Phase die andere? Und wie können wir den Menschen helfen, die sich von der Welt abgeschnitten fühlen?

Viele Menschen sind gerne auch mal allein; es kann bereichernd sein, Zeit der Ruhe und Besinnung zu verbringen – oder einfach ungestört zu sein. Alleinsein ist aber natürlich etwas völlig anderes, als Einsamkeit. Ersteres ist selbst gewählt, letzteres fühlt sich an, als wäre man abgeschnitten.

Das Wiederentdecken des Glücks kann uns die Einsamkeit fast augenblicklich vergessen machen.

Einsamkeit kann zu schrecklichen Gefühlen der Leere und Isolation führen. Sie ist schmerzhaft und manche Menschen bekommen durch sie Probleme mit Alkohol und Drogen. Sie kann zu Depressionen und einem Mangel an Eigenliebe führen – und sie kann sogar gewalttätig machen. Einsamkeit scheint die höchste zu nehmende Hürde zu sein, ist aber in Wirklichkeit eher eine Schranke – und dazu noch eine unsichtbare.

All zu oft schubsen einsame Menschen andere wütend weg. Sie versuchen, ihren Zustand zu ignorieren und lehnen jegliche Hilfe ab – egal, wie gut gemeint sie auch ist. Dabei gibt es ein paar Schritte weg von der Einsamkeit – man muss nur willens sein, sie zu gehen.

Hallo Welt

Einige Menschen werden einsam, weil sie um den verlorenen Partner trauern. Andere fühlen sich von ihren Freunden abgeschnitten, oder sind zu schüchtern, um sich in Gesellschaft wohl zu fühlen. Wieder andere, denen es schlecht geht, isolieren sich, weil sie nicht wollen, dass sie mit ihren Sorgen anderen zur Last fallen.

Ein Grund für Einsamkeit mag die Unfähigkeit sein, Gefühle zu teilen oder anderen Menschen zu vertrauen. Unter der Oberfläche schwehlt vielleicht ein Mangel an Eigenliebe oder die Vorstellung, nicht liebenswürdig zu sein. Es kann schwierig sein, andere um Hilfe zu bitten, wenn du dich so einsam fühlst.

Du kannst nicht gleichzeitig in Richtung Glück und in Richtung Einsamkeit laufen. Diese beiden Gefühle stehen sich genau gegenüber. Der erste Schritt in Richtung Glück muss ein bewusster sein – ohne, dass du noch einmal zurück schaust.

Hier ist einiges, über das du nachdenken kannst und das dir hilft, die Einsamkeit zu überwinden:

* Nimm dir Zeit, um dich auf deine Gefühle zu konzentrieren, um zu verstehen, warum du dich so fühlst. Lerne zu meditieren. Das kann enorm hilfreich sein.

* Versuche, Einladungen oder Hilfsangebote anzunehmen. Menschen, die sich einsam fühlen, schubsen andere aus Angst vor Nähe oft weg

* Triff dich mit einem alten Freund. Du wirst wahrscheinlich jemandem viel eher erzählen, was los ist, wenn du Zeit mit ihm verbringst, Augenkontakt hast und dir zugehört wird.

* Vertrauen ist der Schlüssel zum Aufbau von Beziehungen. Wenn du bereit bist, geh das Wagnis ein und erzähle jemandem, was wirklich los ist in deinem Leben. Dies kann auch ein Arzt oder eine Krankenschwester sein, wenn du dir der Vertraulichkeit zu 100 Prozent sicher sein willst.

* Nordic Walking, Jogging oder irgendeine Form der leichten Aerobic kann dir dabei helfen, den Blues zu vertreiben. Bewegung steigert die Menge der Endorphine im Körper und das steigert die Laune.

* Könnte irgendetwas in deinem eigenen Verhalten zu deiner Isolation beitragen?

* Legst du Wert auf dein Äußeres? Auch wenn du alleine zu Hause bist, kann das ausschlaggebend dafür sein, wie du dich fühlst. Brauchst du Hilfe? Hast du Essstörungen, Probleme mit Alkohol oder anderen Drogen?

* Beachte die kleinen Dinge im Leben, die dir Freude bereiten – Vogelgezwitscher, Farben, Musik – schau genau hin!

* Bleib nicht den ganzen Tag im Haus. Geh raus, such den Kontakt zu anderen Menschen.

* Lachen wirkt Wunder – hast du einen Lieblingsfilm, der dich garantiert lachen lässt?

* Niemand ist eine Insel. Versuche, nicht alles alleine und ohne Unterstützung zu erledigen.

Gefährliche Eifersucht

„Oh, bewahrt euch, Herr, vor Eifersucht, dem grüngeäugten Scheusal…"

Jago zu Othello (William Shakespeare)

Wir lieben unsere Freunde, aber die unterschiedlichen Lebensführungen machen es manchmal schwierig, sich aufeinander zu beziehen.

Wie Othello in Shakespears Theaterstück lernen musste, hat Eifersucht die Kraft, Leben zu zerstören und denjenigen unglücklich zu machen, der sich ihr hingibt. Eifersucht und auch Neid sind so untrennbar mit der menschlichen Natur verbunden, dass in religösen Lehren vor ihnen gewarnt wird. Der richtige Umgang mit ihnen kann den Unterschied machen zwischen einem Leben mit einem freudvollen oder einem wütend-welken Herz. Das hört sich melodramatisch an – aber für viele Menschen ist die Auswirkung auch dramatisch.

Neid resultiert aus dem Wunsch, etwas für sich haben zu wollen, das jemand anderer besitzt – oder daraus, dass du deine Lebenssituation mit der eines anderen Menschen vergleichst und etwas findest, von dem du meinst, dass es eigentlich dir zusteht. Das kann dir jederzeit passieren – plötzlich und unerwartet. Eifersucht ist die emotionale Reaktion darauf, das jemand anderer etwas besitzt, was du haben möchtest. Es ist eine der menschlichen Eigenarten, das wir – als Erwachsene – zufrieden mit unserem Leben sind, bis wir plötzlich mit jemandem konfrontiert werden, der völlig andere Entscheidungen für sein Leben getroffen hat und etwas erreicht hat, das wir uns für unser Leben vorgestellt hatten.

* Du triffst deine Ex-Freundin und findest ihren neuen Partner sofort unsympathisch, obwohl du kaum ein Wort mit ihm gewechselt hast.
* Du hast dich darauf gefreut, deinen Bruder zu sehen, fängst aber einen Streit an, um davon abzulenken, dass du neidisch auf sein neues Auto bist.

* Du freust dich auf ein Wiedersehen mit deinen Ex-Kollegen, gehst aber enttäuscht nach Hause, weil deren Leben erfolgreicher zu sein scheint, als deins.

* Du bist wütend auf dich selbst, weil du eifersüchtig, statt froh darüber bist, dass deine beste Freundin schwanger ist – weil du selbst schrecklich gerne Kinder hättest.

* Du hast ein gutes Verhältnis zu deinen Geschwistern, überwirfst dich jedoch mit ihnen über die Beerdingungsmodalitäten für eure Eltern. Du glaubst, dass du am besten weißt, was sie gewollt hätten.

Wir denken, wir hätten Geschwisterrivalitäten in unserer Kindheit hinter uns gelassen – sie kommen aber während unseres gesamten Lebens immer wieder zum Tragen. Wir lieben unsere Freunde, aber die unterschiedlichen Lebensführungen machen es manchmal schwierig, sich aufeinander zu beziehen.

Die Zeit der Selbstreflexion

Eifersucht und Neid sind Feinde des Glücks, weil sie uns den Fokus auf die Dinge lenken lassen, von denen wir meinen, dass sie in unserem Leben fehlen – oftmals Dinge, über die wir keine Kontrolle haben. Wenn wir uns mit anderen vergleichen, empfinden wir uns als ‚wollend' (buchstäblich).

Ein kurzzeitiger Anflug von Unzufriedenheit kann ein Motivator sein und eventuell den kompetitiven Teil in dir wecken, der ruft: „Ich möchte das auch und ich kann das auch." Wenn es dich dazu anspornt, die Veränderung voran zu treiben, die du wirklich für dein Leben willst, kann der Einfluss sehr positiv sein. Wenn dich Vergleiche jedoch wütend oder selbstmitleidig fühlen lassen, gibt es ein paar bessere Herangehensweisen:

Wir wählen eigene Antworten auf die Möglichkeiten, die sich uns bieten.

* Achte auf deinen Körper: Wie fühlst du dich und welche Bereiche deines Körpers sind am meisten betroffen? Bist du wütend, angespannt, traurig, ängstlich? Macht sich das Gefühl im Bauch, den Schultern, dem Kiefer oder dem Herzen bemerkbar?

* Atme tief ein und bewege deinen Körper. Schüttele deine Arme, hüpf auf der Stelle, erzwinge ein Lachen, geh joggen, schrei oder weine.

* Tu etwas Aktives, das die Anspannung löst und dich zum Entspannen ermutigt. (der Griff zu Alkohol und/oder Schokolade ist nicht sehr konstruktiv. Ebensowenig der Tritt aufs Gaspedal, solltest du gerade im Auto sitzen.)

* Ziehe in Betracht, wie du dich im Verlauf deines Lebens hättest entscheiden müssen, um die Dinge zu bekommen, die du begehrst. Bereust du, einen anderen Weg eingeschlagen zu haben? Kannst du dir vergeben und nach vorne schauen?

* Schau dir dein Leben an. Womit bist zu unzufrieden? Welche Schritte kannst du machen, um die Dinge zu ändern? Wann fängst du damit an?

* Welche Aspekte deines Lebens machen dich glücklich? Was möchtest du nicht missen? Nimm dir Zeit, darüber zu reflektieren und sei dankbar für diese glücklichen Fügungen.

* Viele Menschen finden Sport oder Meditation hilfreich – beides löst körperliche Anspannung und hilft dir dabei, deine Gedanken auf das wesentlich Sinngebende im Leben zu konzentrieren.

Glück beginnt im Inneren. Weder können uns andere Glück geben, noch können sie es uns wegnehmen. Es ist unmöglich, wirklich glücklich und erfüllt zu sein, während wir eifersüchtig sind oder anderen Schlechtes wünschen. Während wir ihre Zufriedenheit verwünschen, verringern wir unsere eigene.

Wir wählen eigene Antworten auf die Möglichkeiten, die sich uns bieten; und wir können uns dazu entschließen, an negativen Gefühlen festzuhalten oder sie loszulassen. Um es sinngemäß mit den Worten des Heiligen Franziskus von Assisi zu sagen: Freude entsteht, wenn wir die Dinge akzeptieren, die wir nicht ändern können, und dann aus uns heraus die Dinge ändern, die wir ändern können. Es wird immer Menschen geben, die mehr zu haben scheinen, als wir. Wir können anderen nur so viel Glück wünschen, wie wir es für uns selbst gerne hätten.

Glück beginnt im Inneren. Weder können uns andere Glück geben, noch können sie es uns nehmen.

KAPITEL 4

Die Geheimnisse des Glücks

Das Geheimnis der Begeisterung

„Wer sind wir, dass die Augen unserer Kinder nicht leuchten?"

Benjamin Zander

Benjamin Zander ist ein weltbekannter Dirigent, Lehrer und Autor des inspirierenden Buchs *The Art of Possibility.* Er hat den unerschütterlichen Glauben, dass 100 Prozent der Weltbevölkerung ermutigt werden können, klassische Musik zu lieben und die Begeisterung, die er an den Tag legt, ist ansteckend. Er lässt seine Zuhörer lachen und macht sie froh. Er führt sie und sie folgen ihm glücklich. Seine Leidenschaft bereichert ihr Leben.

In seiner denkwürdigen Rede bei einer TED-Konferenz im Jahr 2008 (das sind jährliche Konferenzen, die sich mit Ideen aus den Bereichen Technologie, Bildung und Design beschäftigen) sprach Zander von seiner Erkenntnis, dass „die Rolle des Dirigenten nicht ist, selbst zu klingen, sondern die Kunst des Möglichen bei anderen zu wecken." Das ist die Macht der Begeisterung. Wenn jemand sich so sehr für etwas einsetzt, ist es leicht, diese Energie zu fühlen und durch sie gestärkt zu werden.

Benjamin Zander schaut in die Augen seiner Zuhörer und erkennt so, ob er sie mitreißt. Er sagt, wenn ihre Augen nicht leuchten, muss er sich fragen, was er anders machen muss.

Seine Worte sind inspirierend, weil er eine Philosophie vertritt, die das Glück in die ganze Welt bringen könnte. Was wäre, wenn wir uns, statt uns so sehr auf unser eigenes Glück zu konzentrieren, auf das Glück anderer fokussierten? Was, wenn wir, statt unser kleines Ziel (ein bis zwei glückliche Menschen) zu verfolgen, wir ein großes Ziel (alle Menschen glücklich) verfolgten? Könnte das funktionieren? Und wenn ja, dann wie?

Um Einfluss zu nehmen, müssen wir auf diejenigen um uns herum einwirken. Die wiederum werden die Menschen, die sie kennen, beeinflussen, so dass der Welleneffekt entsteht.

Lass deine Augen leuchten

★ **Schau die Welt mit den Augen eines Kindes an.** Kleine Kinder staunen immerzu. Sie entdecken die Welt zum ersten Mal und fühlen die Schwingungen der Erde intensiver, als ein Erwachsener. Ihr Sinn für das, was möglich ist, ist uneingeschränkt.

★ **Bleibe neugierig.** Es ist schwer, wirklich glücklich zu sein, wenn wir denken, dass wir schon alles kennen. Damit verschließen wir uns neuen Erfahrungen. Begeisterung und Aufregung werden durch das für uns Unbekannte beflügelt.

★ **Denk zuerst an das Glück der anderen.** Wenn die Mission eines jeden auf dieser Erde wäre, als erstes anderen dabei zu helfen, glücklich zu werden, was wäre das für ein Anreiz, den Prozess zu beschleunigen. Wenn niemand glücklich sein könnte, bis alle anderen glücklich sind, was wäre dann wohl das Erste, was getan werden muss, um das Glück für möglichst viele Menschen zu steigern?

★ **Sieh gut hin und hör gut zu.** Wir führen ein so temporeiches Leben, dass wir nur selten Zeit finden, Bilanz zu ziehen, oder lange genug innezuhalten, um unsere Wirkung auf andere zu bemerken. Sobald du aber anfängst, deine Aufmerksamkeit auf die Dinge zu lenken, die du im Laufe des Tages sagst, wirst du ihren Einfluss realisieren: lächeln die Menschen um dich herum? Oder runzeln sie ihre Stirn? Wirkst du belebend auf deine Mitmenschen, so dass ihnen ihre eigenen Fähigkeiten und Gaben auffallen? Oder reagieren sie besorgt auf das, was du sagst? Die Worte, die wir wählen und die Art, wie wir sprechen, hat eine

Wirkung auf die Menschen, die wir treffen und mit denen wir unsere Zeit verbringen – in jedem Moment an jedem Tag. Mach es dir zur Aufgabe, die Menschen zum Lächeln zu bringen, egal wie wenig dir selbst zum Lächeln zumute ist. Wenn du gehst und ihre Augen leuchten, stehen die Chancen gut, dass du einen positiven Einfluss auch auf die Menschen haben wirst, auf die dein Gegenüber als nächstes trifft.

Was wäre, wenn alle ein großes Ziel verfolgten...

...und so die ganze Welt glücklich würde?

Die Lotterie des Lebens

Wenn Leute gefragt werden, was sie glücklicher machen würde – im Lotto gewinnen oder ihr Leben an den Rollstuhl gefesselt sein – wird die überwiegende Mehrheit den Lotteriegewinn wählen. Auf kurze Sicht mag das korrekt sein. In einer wissenschaftlich kontrollierten Studie wurde jedoch festgestellt, dass auf lange Sicht keine der beiden Veränderungen einen fundamentalen Glücksunterschied für die Menschen bereithält. Sechs Monate nach dem Gewinn der Lotterie waren diese Menschen ebenso glücklich wie die, die an den Rollstuhl gefesselt waren. Glück ist nicht etwas, das uns geschieht. Es kommt aus unserem Inneren.

Wirkst du belebend auf deine Mitmenschen, so dass ihnen ihre eigenen Fähigkeiten auffallen?

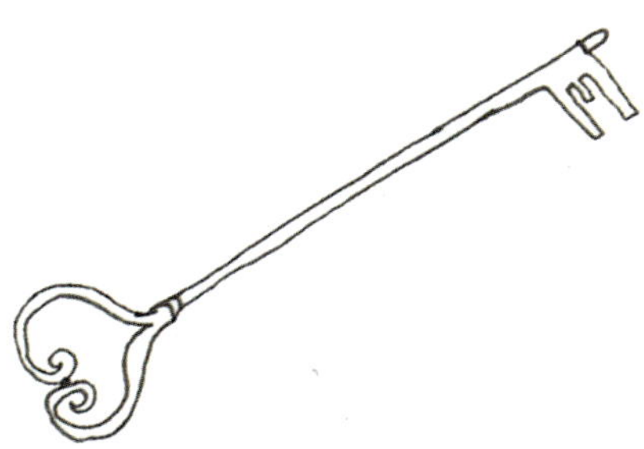

Denk wie ein Lotteriegewinner

Wenn du morgen im Lotto gewinnen würdest, wie würdest du dich fühlen? Wie würdest du feiern? Würdest du deinen Gewinn investieren, teilen oder ausgeben? Nachdem die anfängliche Euphorie vorbei ist, was würdest du am allermeisten an deinem Zuhause, deinen Freunden, deiner Familie und der Welt schätzen? Hätte sich irgendetwas in deinem Leben verändert?

Die Lotto-Gedanke ist interessant, weil er uns dazu ermutigt, in Extremen zu denken. Durch das Verschieben der Grenzen unserer Vorstellungskraft erschließen wir einen anderen Teil von uns selbst, der durch tägliche Verpflichtungen, Denkgewohnheiten und finanzielle Verhältnisse unterdrückt wird. Es ist vielleicht nicht möglich, die materielle Lebenssituation über Nacht zu verbessern – aber du musst nicht darauf warten, in der Lotterie zu gewinnen, um die Person zu werden, die du idealerweise sein willst.

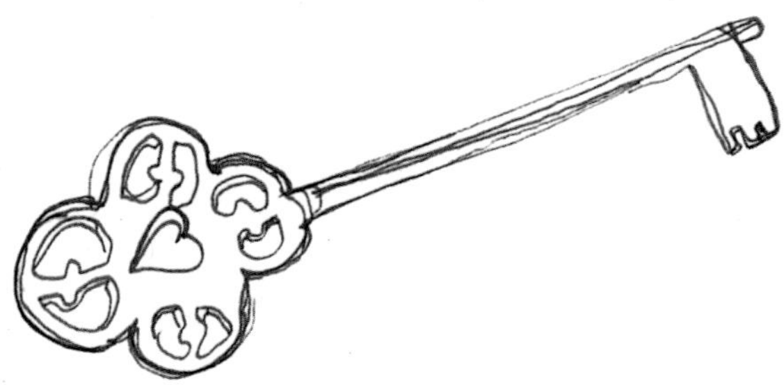

Versuche dich zu fragen:

* Was schiebst du auf, bis die ‚Umstände' passend sind, womit du nicht auch sofort anfangen könntest?
* Was könntest du für jemand anderen tun, um ihm das Gefühl zu vermitteln heute sei sein ‚Glückstag'?
* In welcher Beziehung bist du bereits ein Lottogewinner?
* Was ist der Schlüssel zur Tür zum abenteuerlicheren Teil deines Lebens?

Genieße die Reise

„Ab und an ist es gut, eine Pause einzulegen in deinem Streben nach Glück – und einfach glücklich zu sein."

Guillaume Apollinaire

Auch in Krisenzeiten ist es möglich, etwas zu finden, worüber wir lachen und das wir schätzen können – wenn wir aufmerksam sind.

Omar Havana ist ein internationaler Fotojournalist mit einem sozialen Gewissen. Seine eindrucksvollen Bilder tun mehr für die Menschenrechte, als Reden und redaktionelle Beiträge es je könnten. Seine Bilderserie von Familien, die versuchen, ihren Lebensunterhalt auf einer riesigen Mülldeponie in Kambodscha zu verdienen, ist von Millionen von Menschen weltweit gesehen worden. Eines der Bilder sticht besonders heraus. Ein kleines Mädchen von vielleicht vier Jahren steht allein inmitten eines endlosen Ozeans aus Schutt. Mit einem schäbigen Sack in der Hand schaut sie direkt in seine Kamera und lächelt – ihr Gesicht leuchtet vor Freude. Hängt das damit zusammen, dass sie wahrgenommen und ein Foto von ihr gemacht wurde? Teilweise mag das so sein. Aber was dein Herz berührt, wenn du dir das Bild ansiehst, ist das Gefühl, dass dies kleine Mädchen, das nur bittere Armut kennt, eine reiche Seele hat – weil sie weiß, wie man glücklich ist.

Für uns, die wir die Möglichkeit haben, unsere Lebensreise zu wählen, ist ein solches Bild ein echter Weckruf. Wer sind wir, dass wir unzufrieden sind mit unserem reichen Leben, wo es doch Menschen gibt, die in Armut leben und dennoch zufrieden sind mit dem, was sie haben?

Kinder scheinen auf Glück programmiert zu sein. Sie haben die Macht der Phantasie. Und die hilft dabei, das Ruder rumzureissen, wenn etwas passiert, dass ihren Tag ruinieren könnte. Kinder sprechen in Superlativen – und sie bemerken Details. Wenn etwas beliebt ist, ist es sofort „das Beste" oder „das Größte" und lebensnotwendig (obwohl die Dinge auch genau so schnell wieder aus der Gunst fallen können). Kannst du dich noch an dein/e Lieblings-Kinderspielzeug, -Bilderbuch, oder -Fernsehserie erinnern? Dieser Teil der Reise bleibt für immer in deiner Erinnerung.

Als Erwachsene neigen wir dazu, Spiel und Phantasie gegen Arbeitsroutine und einen vollen Terminkalender einzutauschen. Der ‚Nine-to-Five'-Tag ist oft ein Mittel zum Zweck und nicht Teil deiner bewussten Reise. Wir hören damit auf, Details und die Freude, die uns unsere Reise bringen sollte, zu erfassen. Unsere Herausforderung ist es, weniger Zeit ausschließlich auf die Erfüllung der Arbeitsaufgabe zu verwenden, sondern vielmehr das Glück zu bemerken, das wir im gegenwärtigen Moment haben.

Wenn wir auf unser Leben zurückblicken, werden wir uns nicht an die letzte Gewinn- und Verlustrechnung, den Termindruck, oder die Teuerungsraten für Lebensmittel erinnern – wir werden uns an die großartige Zeit mit Freunden, die Freude bei der Schulaufführung unserer Kinder, den schönen Tag in angenehmer Umgebung, den Spaß auf dem Hundespaziergang, das erste Hören unseres Lieblingslieds und die gemeinsame Zeit mit unseren Lieben erinnern. Auch in Krisenzeiten ist es möglich, etwas zu finden, worüber wir lachen und das wir schätzen können – wenn wir aufmerksam sind.

Schreibe ein Glückstagebuch

Schriftsteller und Künstler erstellen häufig Notitzen oder Skizzen von Dingen, die ihre Aufmerksamkeit erregt haben. Ich kenne eine wunderbare achtzigjährige Dame, die immer ein „Gedanken-Buch" bei sich hat, um ihre Erinnerungen an die Vergangenheit zu notieren und jeden Tag die Ereignisse, die ihr zu denken geben, aufzuschreiben. Unsere lebenslange innere Reise birgt das Potenzial in sich, unendlich reich und vielfältig zu sein. Sie bietet Möglichkeiten, unser wahres Selbst zu erforschen und zu entwickeln und unseren Verstand für neue Möglichkeiten der Selbsterkennung zu öffnen.

Bloggen, twittern und andere soziale Medien sind Plattformen für den spontanen Austausch. Manchmal jedoch posten wir eine überarbeitete Version unserer Gedanken. Wir präsentieren uns so, wie wir gerne gesehen werden möchten, und nicht so, wie wir wirklich sind.

Die Entscheidung, ein Glückstagebuch zu führen kann ein wunderbarer Weg der Einstimmung auf das Hier und Jetzt sein und dich daran erinnern, die Aufmerksamkeit auf den Augenblick zu lenken. Es zur Gewohnheit werden zu lassen, Notizen zu machen, zu fotografieren oder zu malen, wenn du dich in diesen Momenten lebendig, zufrieden oder froh gefühlt hast, hat mehrere Vorteile:

* Du wirst die Erfahrungen sofort intensiver spüren, wenn du sie notieren möchtest.
* Dein Glücksradar wird seine Erkennungssensibilität erhöhen. Je mehr du schaust, desto mehr Gründe glücklich zu sein, wirst du erkennen.
* Die Aufzeichnung der glücklichen Momente dient dir als Stimmungsaufheller in den Zeiten, in denen es dir nicht gut geht.
* Du wirst dazu ermutigt, über die Erfahrung des Augenblicks hinaus zu denken, Verbindungen zwischen den unterschiedlichen Erfahrungen herzustellen und so mehr über dich selbst zu erfahren.

Unsere lebenslange, innere Reise birgt das Potenzial in sich, unendlich vielfältig und reich zu sein.

Natürlich kann es sein, dass sich im Laufe der Zeit einige der Dinge, die dir Freude gebracht haben, in eine Quelle der Traurigkeit wandeln, weil die Momente unwiederbringlich vergangen sind. Wenn du aber genau im Moment warst, als die Dinge passiert sind, kannst du dich besser daran erinnern, wie du dich an dem Tag gefühlt hast – und so die Erinnerung schätzen.

Das Geschenk der Neugier

„Der Geist ist nicht wie ein Gefäß, das gefüllt werden soll, sondern wie Holz, das lediglich entzündet werden will."

Plutarch

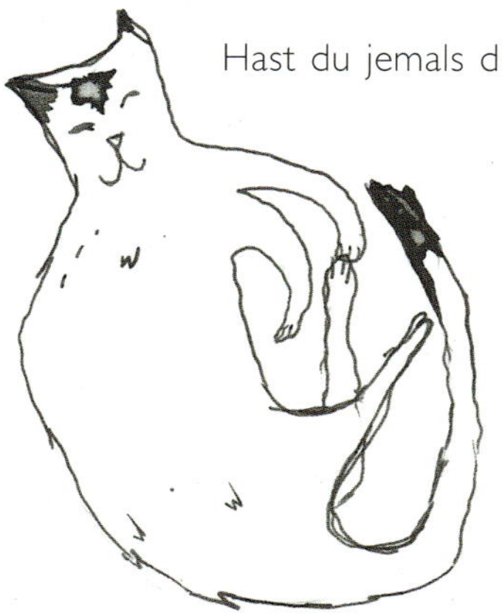

Hast du jemals die Reaktion eines Tieres erlebt, wenn etwas Neues in seiner Umgebung auftaucht? Der erste Impuls ist, daran zu schnuppern, darauf zu springen, daran zu kauen oder es auf andere Art zu untersuchen – um es zu erobern und zu vereinnahmen. Auch die älteste Katze wird die Barthaare aufstellen, um das Neue zu untersuchen oder die Grenzen des Objekts zu testen. Allein das Zuschauen kann amüsant sein, aber es ist auch interessant zu sehen, wie lebendig das Tier wird, während es seine Wahrnehmung schärft und etwas Neues über seine Welt lernt.

Kinder lieben den Spaß, den neue Sachen bringen. Die Vorfreude auf einen unterhaltsamen Tag kann sie komplett einnehmen. Sie sind unendlich neugierig darauf zu sehen, was andere Menschen machen und sagen und wie andere Kinder spielen. Sie können sich aber genau so schnell wieder langweilen, wenn der Reiz des Neuen verflogen ist. In einem Moment sind sie aktiv, vergnügt, glücklich und wissenshungrig, im nächsten gelangweilt, still versunken oder weinen.

Wenn wir älter werden, kann uns Neues tendenziell nicht mehr so schnell überraschen. Wir vergessen, dass das Leben spaßig sein kann und denken, dass wir eh' alles kennen. Neue Erfahrungen werden danach bewertet, was wir schon alles gesehen und getan haben. Damit verschließen wir unseren Geist davor, das Leben zu genießen und die Dinge in einem neuen Licht zu sehen. Wir stumpfen ab – wir hören auf, Neues zu lernen und vergessen die Dinge, die wir bereits wissen.

Lass heute DEN Tag sein. Neue Fähigkeiten zu lernen und Wissen zu erwerben stärkt das Vertrauen und macht dich glücklicher.

Neugier stimuliert das Gehirn und deine Kreativität. Neue Erfahrungen halten deinen Geist jung und lebendig. Denk an kreative Leute, die du kennst: Sie wirken wahrscheinlich ein wenig durcheinander und sind impulsiv – aber es ist immer sehr lustig, sie um dich herum zu haben. Die Menschen, die sich ihren Sinn für Neugier bewahrt haben, sind Comedians, Musiker, Künstler, Autoren und die, die spontan Spaß und Lachen in dein Leben bringen.

Bring es durcheinander, muntere es auf

Glück lebt von Abwechslung und Spaß. Widersteh der Versuchung, alles immer gleich zu machen. Hier sind ein paar Anzeichen dafür, dass du vielleicht ein wenig festgefahren bist – und ein paar Ideen dazu, das Rad auf ‚jugendliche Neugier' zurückzudrehen:

★ Wann hast du dir das letzte Mal ein Feuerwerk angesehen? Wenn es kalt war, hast du dem Wetter getrotzt und ein Gefühl der Aufregung verspürt? Oder hast du es dir von drinnen aus angesehen? Oder bist du weggegangen?

★ Wie reagierst du auf Schneefall? Denkst du daran als ein Hindernis, das weggeräumt werden muss, oder als einen Winterspielplatz – für dich und die Kinder?

★ Wie alt sind die Menschen in deinem Freundes- und Bekanntenkreis? Sind die meisten aus deiner Generation?

★ Hast du jemals davon geträumt, Fallschirm zu springen, zu Reiten oder Motorrad zu fahren? Hast du das Verlangen gehabt, zu Reisen, einen Marathon zu laufen oder auf einen Berg zu steigen? Welche Entschuldigungen hast du dir in den Weg gestellt? Möchtest du irgendwann bereuen, dass du es nicht wenigstens versucht hast? Oder bist du bereit dazu, ein Risiko einzugehen und deine Grenzen zu erweitern? Für mehr Neugier und Spaß.

★ Wann hast du zuletzt etwas Neues gelernt? Lass heute DEN Tag sein. Neue Fähigkeiten zu lernen und Wissen zu erwerben stärkt das Vertrauen und macht dich glücklicher.

Spirituelles Bewusstsein

„Er, dessen Gesicht nicht leuchtet, wird niemals ein Stern werden."

William Blake

Viele Menschen verlieren ihren Sinn für Freude, weil sie glauben, dass ihr Leben keinen Sinn hat. Dafür gibt es genau so viele Gründe, wie Menschen auf der Erde leben. Mit Tolstoys Worten umschrieben: Jeder unglückliche Mensch ist auf seine eigene Art unglücklich.

Bei vielen Menschen rührt dieses Unglück aus dem fehlenden spirituellen Einfluss in ihrem Leben. Wir sind genau so spirituelle wie körperliche Wesen und können unseren Geist und unsere Sinne zur Kommunikation nutzen – aber wenn wir das wollen, müssen wir uns unsere Seele bewusst machen und uns mit ihr in Einklang bringen.

Wissenschaftler wie Martin Seligman, die ihr professionelles Leben dem Verstehen der Natur des Glücks verschrieben haben, konzentrieren sich mehr auf den Geist, als auf den Begriff der Seele, haben aber festgestellt, dass diejenigen, die ein zielgerichtetes Leben führen, die glücklichsten sind.

Ein zielgerichtetes Leben bedeutet: konzentriert auf ein Ziel oder eine Mission, größer als die Bedürfnisse eines einzelnen Menschen. Uneigennützigkeit und Selbstlosigkeit heben den gewählten Pfad auf eine höhere Sinnstufe. Große spirituelle Anführer wie Mutter Theresa, der Dalai Lama, Erzbischof Desmond Tutu und weltliche Führer wie Nelson Mandela, Ghandi und Aung San Suu Kyi stehen für dieses größere, höhere Gut: Das Wohlbefinden der anderen Menschen wird den eigenen Bedürfnissen übergeordnet.

Für viele Menschen beinhaltet spirituelles Bewusstsein ein Ritual der Verehrung. Gebete, Gesänge Hymnen und Dankesgaben spielen in jeder Lehre eine Rolle. Schwingung, Rhythmus und Symbolik der einzelnen Phasen des Prozesses haben eine tiefgreifende Wirkung auf den menschlichen Körper und Geist. Diese althergebrachten Weisen lassen den Körper buchstäblich mit Worten und Musik mitschwingen. Es wird gesagt, dass es durch das Mitschwingen auf einem höheren Niveau möglich ist, in Einklang mit dem Göttlichen zu kommen.

Diejenigen, die spirituelles Bewusstsein suchen, sind auf der Suche nach den elementaren Wahrheiten im Leben. Sie sind dazu bereit, sich einer höheren Macht anzuvertrauen und an den höheren Zweck des Lebens zu glauben. Viele, die auf dem Weg zum spirituellen Glück sind, suchen einen Zustand der Seligkeit. Ironischerweise sind die Unterschiede der spirituellen Lehren und das starre Festhalten an den Regeln der religiösen Dogmen seit Jahrhunderten Mitauslöser von Kriegen, Kirchenspaltungen, Unruhen und gesellschaftlichen Vorurteilen. Wir sind heute nicht näher an universellem Frieden und Verständnis, als zu der Zeit, in der die Religionen ihren Ursprung haben.

Für die erwachte Seele jedoch transzendiert Spiritualität das Dogma. Spiritualität hat wenig mit den Unterschieden der Art wie wir beten zu tun – sondern mit den Aspekten unserer Natur, die allumfassend sind und die, im besten Fall, aus uns Menschen eine Kraft für das Gute und Glückliche werden lassen. Mit den Worten von Thomas von Aquin ausgedrückt: „Für einen, der glaubt, ist keine Erklärung nötig. Für einen ohne Glauben ist keine Erklärung möglich."

Erwachen zum spirituellen Glück

Es gibt viele verschiedene Möglichkeiten, ein spirituelles Bewusstsein zu erlangen und jeder Mensch hat seinen eigenen Weg, den Sinn zu finden. Jede religiöse Tradition hat eine Reihe von Glaubenssystemen und Ritualen, grundsätzlich aber gleichen sich die Prinzipien und Praktiken:

* Glaube an eine höhere Kraft
* Vertrauen
* Dem Erlernen von spirituellen Belangen wird Zeit gewidmet
* Der allgemeine Glaube an unser Bedürfnis, einander als Mitmenschen zu lieben und uns für eine gerechtere und bessere Welt einzusetzen
* Das Ritual des Gebetes und der Hingabe, das die Macht dazu hat, Menschen ihrer höheren Kraft näher zu bringen und sich selbst stärker zu fühlen
* Ein Aufruf zum einfachen Leben, frei von Besitz und den Insignien des Materialismus
* Die Lehre, andere mehr zu lieben, als uns selbst

Müssen wir alles aufgeben und unser Leben dem Gebet widmen, um ein spirituelles Bewusstsein zu entwickeln? Diese Frage kommt immer wieder auf. Ja, nichts zu besitzen kann Einfachheit und Freiheit bedeuten. Diejenigen, die viel gereist sind, wissen das nur zu gut. Wenn wir nur wenig oder gar keinen Besitz haben, werden wir wirklich gleich. Neid und Unzufriedenheit verschwinden. Wir fühlen uns verbunden.

Aber es passiert noch mehr. Spirituelles Bewusstsein bedeutet für die meisten Menschen, etwas Größeres als uns selbst würdigen. Eine liebevolle Kraft, die uns dazu ermutigt, demütig zu sein und unsere Bedürfnisse hinten anzustellen – für andere und für das Gemeinwohl.

Diejenigen, die es schaffen, ein zielgerichtetes Leben zu führen, sind die glücklichsten.

Ab und an haben wir das große Glück, jemanden zu treffen, der aus seinem Innersten heraus leuchtet und dessen Güte und Selbstlosigkeit nicht nur aus dem Herzen kommen, sondern von einem tiefer liegenden Punkt, der sich mit dem Wohl und den menschlichen Bedürfnissen verbindet. Das sind die Menschen, die sich fortwährend um andere kümmern, deren Worte der Weisheit Streit besänftigen und die Stimmung heben. Ihr Vertrauen in etwas, das größer ist, als sie selbst, scheint ihnen Kraft in Zeiten der Not zu geben. Sie haben die Kraft des Glücks mit Hilfe des spirituellen Bewusstseins entdeckt.

Spirituelles Bewusstsein entwickelt sich in Stille:

* Innehalten
* Atmen
* Hören
* Sehen

Viele verschiedene Wege führen zu spirituellem Bewusstsein

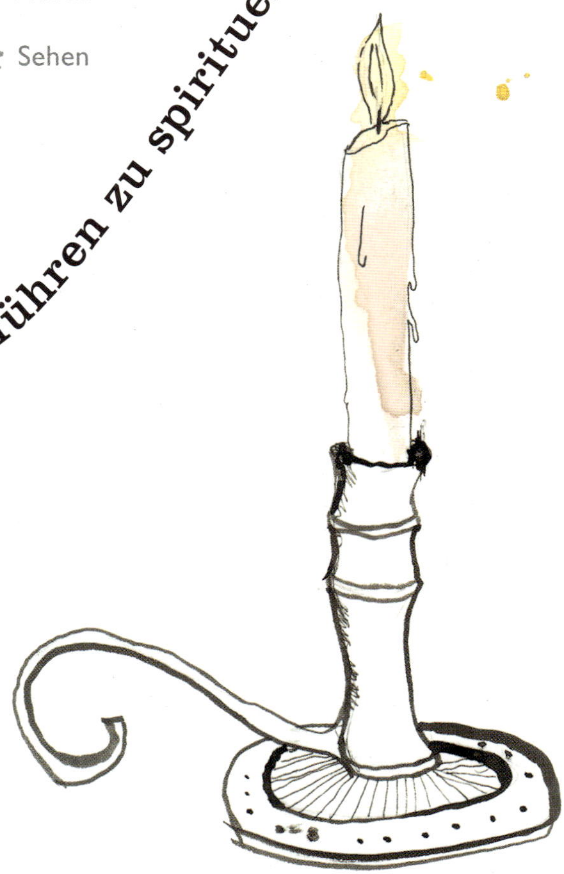

Wertschätze deine Einzigartigkeit

„Es gibt nichts was du tun, bekommen oder sein musst, um glücklich zu sein.“

Srikumar Rao

Alles, was du brauchst, um heute und in Zukunft glücklich zu sein, ist bereits in dir. Der Wunsch, jemand neues mit anderen Fähigkeiten zu sein oder es zu bereuen, dass du eine bestimmte Entscheidung getroffen hast (oder auch nicht), entfernt dich weiter vom Glück. Schau dir in die Augen, wertschätze dich in all deiner Schönheit und mit deinen Fähigkeiten, deinem Potenzial – das wird dich auf dem Weg deiner Bestimmung ans Ziel bringen.

Alles, was du brauchst, um heute und in Zukunft glücklich zu sein, ist bereits in dir.

Während ich diesen Text ausarbeitete waren die ‚London Paralympics 2012‘ in vollem Gange. Athleten, die eine Reihe von physischen und psychischen Herausforderungen bewältigt hatten, waren von überall auf der Welt zusammengekommen, um im Wettkampf zu bestehen. Die Paralympics haben gezeigt, dass Behinderungen, die die meisten Menschen auf eine echte Probe stellen würden, kein Hindernis sein müssen, wenn es um Erfolg geht. Ausdauer, Konzentration, Training, Mut und Können eröffneten jeder Person eine einmalige Möglichkeit, erfolgreich zu sein.

An der Universität von Pennsylvania in den USA tragen der führende

Psychologe Dr. Martin Seligman und seine Kollegen in einer laufenden Studie die Faktoren zusammen, die wahres Glück ausmachen. Online-Fragebögen können von jedem, der sich online registriert, ausgefüllt werden.

Seligman hat festgestellt, dass zwei der wichtigsten Bedingungen für's Glücklichsein ein starkes Bewusstsein und die Wertschätzung der eigenen Talente sind. Wenn wir verstehen, was wir gut können, haben wir mehr Vertrauen in unsere Kompetenz und sind glücklicher mit uns selbst.

Das Wertschätzen deiner Einzigartigkeit erfordert, dass du dir genau so viel Aufmerksamkeit entgegenbringst, wie anderen Menschen. Es bedeutet, die Komplimente, die dir andere vielleicht machen, zu hören – und daran zu glauben, dass du sie verdienst. Es bedeutet auch, Kritik anzunehmen – egal, wie schwer es dir auch fällt. Werde dir klar darüber, dass es vielleicht Dinge gibt, die du verbessern oder ändern willst.

Wer bist du?

Wenn wir verstehen, was wir gut können, haben wir mehr Vertrauen in unsere Kompetenz und sind glücklicher mit uns selbst.

★ Wie würdest du dich mit einem Satz beschreiben?

★ Wie beschreibst du dich im Bezug auf deine Arbeit? Als Elternteil? Oder als ein Individuum mit einzigartigen Talenten?

★ Was sind die stärksten Züge deiner Persönlichkeit? Würdest du dich z.B. als vertrauenswürdig bezeichnen? Treu? Stark? Entschlossen? Hart arbeitend? Freundlich? Fair? Tolerant? Mutig?

★ Nimm dir eine Minute Zeit und schreibe all die Worte auf, die du mit dir in Verbindung bringst. Unterscheide zwischen negativen und positiven Begriffen.

★ Betrachte die negative Liste und wandele jedes Wort so, dass es unter bestimmten Umständen als positive Fähigkeit gesehen werden kann.

★ Erstell einen Glückslebenslauf – konzentriere dich dabei nur auf deinen persönlichen Weg. Schreibe eine einzigartige Liste deiner Errungenschaften auf, so weit rückblickend, wie du dich erinnern kannst. Ordne sie nach Datum und Jahr. Beziehe Urlaube, Feiern mit Freunden, Dinge, die du gerne alleine, mit deinen Kindern, deinem Partner, deinen Haustieren gemacht hast, mit ein. Ebenso deine Arbeit, wenn du magst. Wo auch immer du gewesen bist, was auch immer du getan hast in deinem Leben... wenn es dich glücklich oder stolz gemacht hat und du dich respektiert gefühlt hast. Schreib es auf!

★ Schau dir die Liste nochmal an. Welche Fähigkeiten, Interessen, Einstellungen oder Leidenschaften sind zentrale Punkte in deinem Lebenslauf? Welche Themen kommen immer wieder vor? Gesellig sein? Deine Vorliebe für Kunst, Musik, Theater, Sport? Lernen? Gärtnern? Menschen sicher und aufgehoben fühlen lassen?

* Dieser Prozess begleitet dich vielleicht eine Weile lang. Neue Dinge werden dir in den Sinn kommen – weitere Pinselstriche für dein Bild.

Du bist eine einzigartige Kombination von persönlichen Merkmalen, körperlichem und mentalem Können, Einstellungen und Fähigkeiten, die dich zu dem machen, wer du bist. Wenn du diese bemerkst und zelebrierst, wird es dir besser gelingen, deine Aufmerksamkeit in eine Richtung zu leiten, die erfüllend ist und dich zudem noch glücklich macht.

Die Kunst des Gebens

„Die beste Möglichkeit, deine Laune zu verbessern ist, zu versuchen, jemand anderen aufzuheitern."

Mark Twain

Es gibt ein Geheimnis, das noch nicht jeder entdeckt hat, das aber eine Quelle für Optimismus in der Welt ist. Die gute Nachricht ist, das es gut für dich ist, anderen etwas zu abzugeben. Es wird dich glücklich machen. Du wirst dich besser fühlen.

Ich sprach vor kurzem mit jemandem, dessen Mutter in ein kleineres Haus gezogen ist. Das Aussortieren ihrer Sachen und die damit verbundene Entscheidung, was weggeworfen werden sollte, war für beide sehr schmerzhaft. Sogar das Weitergeben von Büchern und einigen anderen Dingen an einen Second-Hand-Laden war schwer. Dieses Geschäft benachrichtigte die Spender per Brief, wie viel Geld durch den Verkauf der gespendeten Sachen erwirtschaftet wurde. Das machte die Mutter meines Freundes so glücklich, dass sie nach und nach immer mehr Sachen spendete.

Im Jahr 2010 befragte die *Charities Aid Foundation (CAF)* zusammen mit der *Sunday Times* 69 der reichsten Menschen in Großbritannien nach den Gründen für ihre Menschenfreundlichkeit. Die Mehrheit von ihnen sagte, dass sie Freude am Geben haben. Über die Hälfte von ihnen wollte ein positives Erbe hinterlassen. In den USA hat Bill Gates über die *Bill and Melinda Gates Foundation* mehrere Millionen Dollar seines Vermögens gespendet und gemeinsam mit Warren Buffett *The Giving Pledge* ins Leben gerufen, um Millionäre dazu zu bewegen, ein moralisches Versprechen zu geben: mindestens 50% ihres Vermögens sollen als Vermächtnis für philantrophe Belange hinterlassen werden. Und Medienmogul Simon Cowell bedankte sich unlängst bei Oprah Winfrey dafür, dass sie ihm geholfen hat zu erkennen, wie gut es sich anfühlt, Geld wegzugeben.

Aber beim Geben geht's ja nicht nur um Geld. Das wertvollste Geschenk ist deine persönliche Zeit – Zeit, die du im Dienst von anderen verbringst und aufmerksam zuhörst. Das Konzept des ‚Dienens' scheint altmodisch zu sein in unserer modernen Welt, aber sein Gedanke geht tiefer, als nur bis zur etwas verschrobenen ‚guten Tat'. Wenn wir in der Lage sind, anderen bescheiden zu dienen und die Bedürfnisse unseres Egos zurückstellen, werden wir demütig, weniger auf uns fokussiert und uns der Stärken derjeniger um uns herum bewusster.

Das Gute-Tat-Versprechen

* Ziehe in Betracht, dir selbst und anderen heute zu versprechen, in den nächsten zehn Tagen bewusst eine gute Tat pro Tag zu vollbringen – egal, wie klein sie auch sein mag. Und danach wirst du das Versprechen wiederholen.

* Erstelle eine Liste der Taten und frage dich, ob dich jede glücklich gemacht hat – oder nicht.

* Das ist vielleicht die beste Tat, die du je für dich selbst vollbracht hast.

Das wertvollste Geschenk von allen ist deine Zeit.

Die Kraft der Ruhe

*„Viele Menschen denken, Aufregung ist Glück …
wenn du aber aufgeregt bist, bist du nicht friedvoll.
Wahres Glück basiert auf Frieden."*

Thich Nhat Hanh

Einen Ort der Stille und Ruhe zu finden ist wunderbar entspannend. Einen Ort der Ruhe in deinem Geist zu finden bedeutet, einen Platz zu finden, an dem Veränderung möglich ist und Frieden gefunden werden kann. Dies ist die Aufgabe von Gebet, Meditation und den meisten spirituellen Ritualen. Das Ziel ist es, deinen geschäftigen Gemütszustand in einen Ort der Stille zu wandeln.

Einige Mensche gehen einen aktiveren Weg, um zur Ruhe zu kommen: Yoga, TaiChi, Singen oder Laufen. Mein persönlicher Weg in die Ruhe sind Spaziergänge durch Natur oder Stadt in der Morgenfrische. Die Weiseren unter euch werden jetzt sagen, dass das nicht dasselbe ist, wie in Stille sitzen und die Gedanken ihren eigenen Weg zur Auflösung finden zu lassen. Wir alle brauchen Zeiten der Stille. Diese Momente, in denen wir einfach nur ruhig sind, bringen Veränderung. Die Dinge werden klarer in unseren Köpfen.

Für einige ist die Meditation der Weg zur Stille. Deinen eigenen Weg in dir zu finden wird einige Zeit dauern und Praxis brauchen. Es ist eine Fähigkeit, die ich noch meistern muss. Ich weiß aber, dass Meditation das Leben vieler Menschen zum Vorteil verändert hat.

Ella, Autorin und Sprecherin, findet, dass Meditation ihr dabei hilft, sich zu konzentrieren. Sie schafft Raum für neue Ideen und gibt ihr ein tieferes Verständnis für ihre Arbeit.

Sue, PR-Beraterin, sagt, ihre Meditationspraxis bringt ihr eine Zeit der tiefen Ruhe inmitten des Tempos und Drucks eines jeden Tages. Meditation beruhigt ihren Blutdruck und bringt sie wieder in Kontakt mit sich.

Rick, Geschäftsmann, muss sich anstrengen, um ein wenig Zeit für die tägliche Meditationspraxis zu haben. An den Tagen, an denen er nicht dazu kommt in Stille zu sitzen, ist er weniger in der Lage, seinen Ärger zu kontrollieren. Er ist weniger konzentriert und fühlt sich weniger geerdet. Meditation ist ein wichtiger Teil seines Engagements, Frieden und Glück in sein Leben einzuladen.

Atme einfach

Auf der einfachsten Stufe geht es bei der Suche nach Stille nur ums Atmen. Such dir einen Ort, an dem du aller Wahrscheinlichkeit nach nicht gestört wirst und es nicht zu warm oder zu kalt ist.

- Leg dich rücklings auf den Boden.
- Lass deine Füße nach außen fallen und entspann deine Hände. Deine Handfächen zeigen nach oben und deine Finger finden ihre natürliche Position.
- Schließe deine Augen und entspann deinen Geist.
- Mach dir keine Sorgen darüber, wohin deine Gedanken dich tragen. Konzentrier dich nicht auf sie. Lass sie einfach kommen und gehen.
- Konzentriere dich auf deinen Atem.
- Atme tief ein; und dann atme komplett aus; atme tief ein und atme komplett aus.
- Lass deinen Atem einen eigenen Rhythmus finden, aber atme tief.
- Mache dies so lange, wie du dich damit wohl fühlst.
- Konzentriere dich nur auf deine Atem.

Vielleicht stellst du fest, dass du, wenn du zum ersten Mal meditierst, einschläfst. Vielleicht bemerkst du auch, dass dein Atem nur aus dem Oberkörper kommt, statt aus dem Zwerchfell. Vielleicht hältst du den Atem, statt ihn fließen zu lassen. Lege eine Hand auf deinen Bauch. Er sollte sich beim Einatmen aufblähen und beim Ausatmen wieder absenken. Mit etwas Übung wird es dir gelingen.

Einige Menschen gehen einen aktiveren Weg, um zur Ruhe zu kommen: Yoga, TaiChi, Singen oder Laufen.

Der Zauber des Lachens

„Als das erste Baby zum erstenmal lachte, zerbrach das Lachen in tausend Stücke, und sie sprangen alle herum: Das war der Anfang der Feen."

J.M. Barrie, Peter Pan

Glück und Lachen sind für die Zufriedenheit das, was Fred Astaire und Ginger Rogers für's Tanzen sind. Wo das Lachen führt, folgt das Glück (obwohl: nicht unbedingt rückwärts oder auf High Heels).

Echtes Lachen verwandelt die Energie deines Körpers. Jemand, der lauthals lacht, schüttelt sich buchstäblich. Dröhnendes Lachen wird so genannt, weil es aus der Tiefe deines Körpers kommt und jede Menge Energie freisetzt.

Glück und Lachen sind für die Zufriedenheit das, was Fred Astaire and Ginger Rogers für's Tanzen sind.

Natürlich ist nicht jedes Lachen eine gute Kraft. Einige Gelächter sind spöttisch oder dunkel. Lachen ist manchmal den Tränen sehr nah. Menschen, die im medizinischen Bereich arbeiten, entwickeln häufig einen makabren Sinn für Humor, um sich von der emotionalen Wirkung der Tragödien, die sie jeden Tag sehen, zu schützen. Wir lachen, wenn unser Herz bricht, weil wir es nicht wagen, den eigentlichen Gefühlen nachzugeben. Auf der Suche nach Glück, steht Lachen für das Loslassen der dunklen Seite auf dem Weg zu Licht und Freude eines jeden Tages.

Lorna war eine talentierte Künstlerin, aber zu der Zeit, als ich sie traf, war sie in ihren späten 80ern, durch eine Sehschwäche und Arthritis daran gehindert, zu malen oder aus eigener Kraft zu laufen. Dennoch: Sie liebte die Natur und mit ihrem künstlerischen Blick für's Detail und ihrer Beobachtungsgabe war das, was sie vor ihrem inneren Auge und in der Realität sah, immer noch inspirierend und unterhaltsam für sie. Ihre größte Freude war es, am Fenster zu sitzen und die Vögel Futter suchen und ihrer täglichen Routine nachgehen zu sehen. Sie erkannte jeden, gab ihnen Namen und war amüsiert über ihre Eskapaden. Jedes Mal, wenn ich sie besuchte, erzählte sie mir die neuesten urkomischen Geschichten aus der Vogelwelt. Sie sagte mir oft, es sei ihr Sinn für's Absurde, der das Leben vergnüglich machte. Ohne den Blick für's Lustige wären ihr Alter viel schmerzhafter verlaufen.

Die lustige Seite des Lebens

Wenn wir angespannt sind, werden wir sehr ernst. Die Dinge in deinem Geist umzudrehen kann eine tolle Möglichkeit sein, deine Stimmung zu heben und die hellere Seite des Lebens zu finden.

★ Check deine Lach-Anzeige. Wann hast du das letzte Mal so richtig gelacht? Was lässt dich lachen? Gönn dir eine selbstgestaltete Comedy-Night: Leih dir den lustigsten Film aus, denn du kennst und erinnere dich daran, wie es sich angefühlt hat, einfach laut zu lachen.

★ Wann hast du das letzte Mal über dich gelacht? Wann hat das letzte Mal jemand Spaß auf deine Kosten gehabt und du hast es ihm nicht übel genommen? Nimmst du dich vielleicht zu ernst? Musst du deine Stimmung ein wenig aufhellen, um das Leben genießen zu können?

★ Der Kicher-Faktor. Erinnerst du dich daran, wie es war, so sehr zu Kichern, dass Sprechen unmöglich war? Als wir Teenager waren, ist uns das mit Freunden quasi täglich passiert. Solltest du einen bevorzugten 'Lach-Freund' haben, ruf ihn an und lache mit ihm. Sich an alte Zeiten erinnern und über die neuen kichern ist eine wunderbare Abkürzung in Richtung Glück.

Erinnerst du dich ans Lachen?

„Lachen verbessert die Durchblutung des Körpers und verbessert die Funktionen des Herz- und Gefäßsystems. Lachen setzt Endorphine und weitere natürliche, stimmungshebende und schmerzstillende Stoffe frei. Es verbessert die Übertragung von Sauerstoff und Nährstoffen zu inneren Organen. Lachen stärkt das Immunsystem und unterstützt den Körper im Kampf gegen Krankheiten ..." **Patch Adams**

Akzeptanz

„Ein weiser Mensch ist zufrieden mit dem, was er hat – was auch immer das sein mag – und wünscht sich nichts, was er nicht hat.“

Seneca

Es liegt in der Natur des Menschen, einiges zu bedauern. Nicht jede Entscheidung, die wir treffen, führt zu dem Ergebnis, das wir uns idealerweise gewünscht haben. Wenn wir jedoch ewig im ‚ich wünschte' und ‚hätte sein können' hängen bleiben, leben wir an einem Ort der verlorenen Chancen. Ein Leben der Reue führt zu Unzufriedenheit und Unglück.

Das nächste Mal, wenn du dich selbst sagen hörst: „Ich würde gerne, aber ich kann nicht, weil ...“, überprüfe deine wahren Motive. Bist du sicher, dass du nicht kannst? Oder ist das eine Ausrede? Könnte es sein, dass die Entscheidung außerhalb deiner Kontrolle liegt. Ein Teil des Prozesses der Akzeptanz ist es, Ängste und Hindernisse, die wir uns – aus einer Vielzahl von verständlichen Gründen – selbst in den Weg legen, zu erkennen.

Der Weg zum Glück führt über, „die Dinge zu akzeptieren, die wir nicht ändern können“ und „die Dinge zu ändern, die wir ändern können.“

Gibt es eine Trennung zwischen dem „du“ in deinem Kopf und dem realen „du“? Bei der Antwort auf diese Frage fällt oftmals auf, dass wir damit aufhören müssen so zu sein, wie die anderen meinen, wie wir sein sollten. Wir müssen damit beginnen, ehrlich zu uns zu sein.

Akzeptierst du dich so, wie du bist? Wir alle haben Fehler. Auch wenn einige deiner Entscheidungen zu enttäuschenden Ergebnissen geführt haben, hast du sie doch alle im guten Glauben getroffen. Du bist es wert, von dir respektiert zu werden.

Wenn du Dinge gemacht hast, die du bereust, überlege, was deine Situation verändern könnte. Musst du jemanden um Verzeihung bitten? Musst du dir selbst verzeihen?

Akzeptanz beginnt mit dem Realisieren der Tatsache, dass du die Vergangenheit nicht mehr ändern kannst – wohl aber deine Einstellung dazu. Veränderung wiederum beginnt mit dem Akzeptieren der Tatsache, dass du nicht alles kontrollieren kannst, was in deinem Leben passiert. Du kannst jedoch darauf achten, was du tust.

Achte auf deine Gedanken und deine Taten

Der folgende Prozess basiert auf den Jung'schen Prinzipien und Joseph Campbells Konzept der *Reise des Helden*. Es wurde mir von meiner Freundin Florence Hamilton, einer erfahrenen Psychotherapeutin, vorgestellt. Sie schlägt vor, die Reise entweder zu zeichnen, zu malen, in Gedanken zu führen, oder sie – wie eine Entdeckungsreise, eine persönliche Expedition – auf einer Karte abzubilden. Es genügt nicht, dieses Konzept intellektuell zu erfassen – beschäftige dich pro Tag wenigstens fünf Minuten praktisch mit deiner Reise, um darüber Akzeptanz für dich und deine Situation zu bekommen.

★ Realisiere, dass sich etwas ändern muss.

★ Finde einen persönlichen Anführer. Das kann professionelle Hilfe sein, oder jemand/etwas, den/das du dir vorstellst.

★ Begib dich in den Strom des Lebens. Wenn du dich festgefahren fühlst, ist dies eine schwierige Aufgabe. Vor allem, wenn du auch noch für andere verantwortlich bist. Finde einen sanften Weg, deine Bedürfnisse wahrzunehmen.

★ Befasse dich mit deinen Dämonen – sie werden dich heimsuchen. Statt hart mit dir selbst ins Gericht zu gehen, lerne von ihnen und erkenne die Weisheit in ihren Lektionen.

★ Dunkle Nacht der Seele. Sie kann zyklisch auftreten, hat aber immer positive Auswirkungen. Auch, wenn sie das Ende einer Lebensphase einläutet.

★ Verbindung mit Sinnvollem. Was gibt deinem Leben Sinn?

★ Die Rückkehr zu dir selbst. Du wirst verändert sein.

Einfühlungsvermögen

„Wir haben kein Recht, Glück zu konsumieren ohne es auch zu bereiten, genausowenig wir wir Reichtum einfach konsumieren können, ohne ihn auch zu produzieren."

George Bernard Shaw

Einfühlungsvermögen ist die Möglichkeit, die Welt aus einem anderen Blickwinkel heraus zu verstehen. Es geht nicht darum, Mitleid mit jemandem zu haben oder ihn gar zu verurteilen, sondern zu realisieren: „Ich habe meine Meinung, kann aber anerkennen, warum du die Situation anders siehst."

Die Welt durch die Augen eines anderen sehen zu können, ist das Herzstück unserer Freundlichkeit, Gemeinschaft, Verwandtschaft und letztendlich unseres Glücks. Wenn wir kein Mitgefühl für die Probleme anderer haben und es nicht schaffen, Dinge aus einer anderen Perspektive zu betrachten, dann sind wir Inseln – getrennt voneinander durch unsere Unterschiede und unsere Selbstsucht.

Einfühlungsvermögen ist eine recht anspruchsvolle Eigenschaft. Sie ist nicht angeboren. Die Frontallappen des Gehirns sind der Bereich, der uns dabei hilft, Argumentationsfähigkeiten zu entwickeln, Verantwortung zu übernehmen und Intelligenz anzuwenden. Dieser Bereich entwickelt sich, wenn wir ca. zwei Jahre alt sind. Zu diesem Zeitpunkt beginnen wir auch zu verstehen, dass nicht jeder die Welt genau so sieht, wie wir. Das Gehirn entwickelt die Fähigkeit zur Empathie in dem Zeitraum, in dem wir lernen zu teilen, uns abzuwechseln, zu vergeben und unsere Unterschiede zu schätzen. Unser Fokus richtet sich nach außen und wir werden verständnisvoller.

Warum hilft uns Einfühlungsvermögen dabei, unser Glück zu finden? Wenn wir uns in die Stimmungslagen anderer versetzen, nehmen wir sie wahr und sie beeinflussen unser eigenes Wohlbefinden. So, wie die Trauer eines anderen uns beeinflussen kann, so kann es auch das Glücksgefühl. Wenn wir jemand anderen glücklich machen können, färbt das auch auf uns ab. Das erklärt, warum wir gerne in Gesellschaft fröhlicher Menschen sind.

Versetz dich in die Lage anderer

* Stelle das Urteilen ein. Gibt es jemand in deinem Umfeld, der dich verrückt macht? Irritiert dich jemand mit seinen Gewohnheiten oder Ansichten? Hör damit auf, die Person zu verurteilen und versetze dich stattdessen in ihre Lage. Warum meinst du, muss sie sich so verhalten? Ist es ein Abwehrmechanismus? Was sagt deine Irritation über dich selbst aus? Gibt es etwas, was du verändern musst?

* ‚Entspanne' deine Sprechweise. Wen kennst du, der andere glücklich mit seiner Anwesenheit macht? Hör dir an, was und wie er mit anderen Menschen spricht: Ist es humorvoll? Positiv? Anerkennend?

* Freue dich mit Nachsicht. Es wird Momente geben, in denen es eine echte Herausforderung sein wird, empathisch zu reagieren. Wenn dir z.B. jemand ins Auto fährt, kann es schwierig sein, die Situation aus Sicht deines Gegenübers zu sehen. Dennoch: Ein Wortgefecht löst das Problem keinesfalls schneller. Im Gegenteil – es kann dadurch noch schlimmer werden. Versuche, dich auf den Moment zu freuen, an dem du die Fehleinschätzung des Unfallverursachers verzeihen kannst. Versuche, dein Einfühlungsvermögen dafür aufzuwenden, deinen Ärger loszulassen. Auch wenn dein Auto stark beschädigt wurde, so bist immerhin nicht du zu Schaden gekommen.

Empathie ist eine anspruchsvolle Eigenschaft. Sie ist nicht angeboren.

Liebende Güte

„Liebe ist der Zustand, in dem das Glück einer anderen Person wichtig für dein Wohlbefinden ist."

Robert A. Heinlein

Kleinen Kindern sind die eigenen Bedürfnisse die wichtigsten. Unser Fokus liegt auf unserem Komfort und dem Überleben – alles andere ist zweitrangig. Wenn wir älter werden und unser Geist sich öffnet und entwickelt beginnen wir zu verstehen, dass die Bedürfnisse anderer Menschen genau so wichtig sind, wie unsere eigenen. Wir wertschätzen andere – und werden selber wertgeschätzt. Freundschaften wachsen und wir erkennen, dass wir, wenn wir uns um die Belange anderer kümmern, belohnt werden. Wir fühlen uns geliebt, verbunden, wertvoll und geschätzt – das alles gibt uns ein gutes Gefühl. Glück wächst mit liebender Güte.

Das Konzept der liebenden Güte ist das Herzstück aller Glaubensrichtungen weltweit. Hierbei geht es darum, anderen und ihren Bedürfnissen liebevolle Aufmerksamkeit zuteil werden zu lassen und sie so zu lieben, wie wir uns selbst lieben. Güte ist nicht etwa selbstloses Martyrium. Sie ermutigt uns dazu, in jeder Situation mit weiser Einsicht zu handeln – mit Empathie, Mitgefühl, Vergebung, Liebe und Verständnis. Im Buddhismus heißt es Metta, in Sanskrit Maitreya. Der Dalai Lama spricht und schreibt über die Schritte hin zur liebevollen Güte, die von zentraler Bedeutung für diejenigen sind, die lernen, einem spirituellen Pfad zu folgen.

Jeder von uns trägt das Vermögen für liebende Güte in sich – manchmal wird sie jedoch bewusst unterdrückt, wenn ein Lebensereignis dies notwendig macht. Vielleicht ist etwas bei der Arbeit vorgefallen, das jemanden in Schwierigkeiten gebracht hat. Vielleicht hatte eine persönliche Entscheidung negative Auswirkungen für andere. Vielleicht ist etwas so Schreckliches passiert, das es uns unmöglich macht, genauer hinzusehen. Wenn das Leben uns übel mitspielt, härten wir uns ab, um dadurch zu kommen. Manchmal bleiben die Mauern des Selbstschutzes stehen, um uns davor zu bewahren, zu genau auf das, was passiert ist, zu blicken.

Finde deinen Weg

★ Liebevolle Güte beginnt mit Vergebung – sie erlaubt dir, mit dir selbst Frieden zu schließen. Kein Leben ist frei von Reue. Wenn wir in negativen Gedanken über uns selbst verharren, wird es schwieriger, liebevoll mit anderen umzugehen, denn unser Herz ist schmerzhaft verschlossen.

★ Lerne mit deinen Gefühlen zu Sitzen. Sitz gerade und bequem, die Beine nebeneinander, die Fußsohlen flach und geerdet auf dem Boden. Sei einfach still, entspanne Geist und Körper. Gib allen Gedanken, die dir in den Sinn kommen, Raum, ohne sie zu analysieren und zu beurteilen. Achte einfach darauf, wie du dich fühlst und was in deinem Körper passiert. Sitze so lange, bis die Gedanken vorbeigezogen sind. Meistens sind wir uns nicht bewusst, was wir fühlen, wenn du also lernst, einfach zu ‚sein' wird dir das dabei helfen, mehr mit dir in Kontakt zu kommen. Die Übung kann 5-10 Minuten dauern.

★ Wünsche jemandem, der dir am Herzen liegt, Gutes. Denke an jemanden, der dir nahe steht. Betrachte die Wesenszüge, die du an der Person schätzst und denke liebevoll an sie. Sende freundliche Gedanken, die von Herzen kommen.

Wir erkennen, dass wir, wenn wir uns um andere kümmern, belohnt werden.

* Wünsche jemandem Gutes, den du persönlich nicht kennst, der dir aber vertraut ist. Du hast weder positive noch negative Gefühle der Person gegenüber. Sende liebevolle und freundliche Gedanken – entweder im Stillen oder laut ausgesprochen.

* Wünsche jemandem Gutes, den du schwierig findest. Denke an jemanden, mit dem du nicht gut auskommst, der dich verletzt hat. Betrachte deine zornigen Gefühle, erkenne und wandele sie. Dann lass sie ziehen. Sende liebevolle und freundliche Gedanken. Wünsche Glück.

* Wünsche der ganzen Welt Gutes. Denke an die drei Personen und dich. Wünsche allen Gutes und sende deine liebende Güte ins Universum. Schenke allen Beteiligten die gleiche Aufmerksamkeit, bevorzuge keinen der drei. Wisse, dass wir alle verbunden sind. Wenn du also eine Person mit liebender Güte bedenkst, kann sich diese in der gesamten Welt verbreiten.

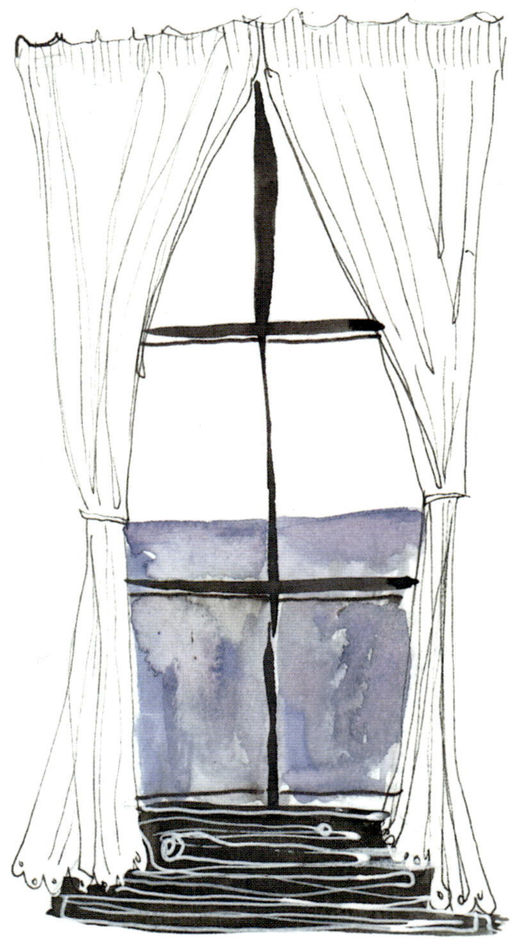

Wenn Frieden auf der Welt sein soll.
dann muss Frieden unter den Nationen sein.

Wenn Frieden unter den Nationen sein soll,
dann muss Frieden in den Städten sein.

Wenn Frieden in den Städten sein soll,
dann muss es Frieden unter den Nachbarn geben.

Wenn Frieden unter den Nachbarn sein soll.
dann muss Frieden in den Häusern sein.

Wenn Frieden in den Häusern sein soll,
dann muss Frieden in deinem Herzen sein.

Lao-Tse

Liebende Güte beginnt mit Vergebung – sie erlaubt dir, mit dir selbst Frieden zu schließen.

Der Beziehungstanz

„Liebe besteht nicht daraus, sich gegenseitig in die Augen zu schauen, sondern gemeinsam in die gleiche Richtung zu blicken."

Antoine de Saint-Exupéry

Die Suche nach Liebe und Glück ist universell. Es beginnt im Babyalter, in dem die enge Bindung zwischen Mutter und Baby instinktiv, überwältigend und lebensnotwendig ist. Die Art der Liebe, die wir als Kinder empfinden, beeinflusst die Art und Weise, wie sich unser Gehirn entwickelt und hilft dabei, unseren Charakter zu formen. Das hat Einfluss auf die Entscheidungen, die wir als Jugendliche und Erwachsene treffen, wenn die Suche nach Liebsbeziehungen beginnt.

Es gibt diesen romantischen Mythos, der uns glauben lassen will, dass Beziehungen auf ‚glücklich, bis ans Ende ihrer Tage' gebaut sind. Die Realität jedoch ist komplizierter, aber auch potentiell lohnender. Menschen sind nicht starr in ihrer Entwicklung – sie wandeln sich ständig. Und somit ist auch jede Beziehung ständigem Wandel unterworfen.

Im Anfangsstadium einer Beziehung geht es oftmals darum, Gleiches und Verbindendes zu finden. Unterschiede werden übersehen, umgemodelt oder toleriert. die Kommunikation ist intensiv und konstant. Ein Blick oder ein Kuss genügen, um Glück zu empfinden. Das Paar möchte mehr und mehr Zeit miteinander verbringen. Diese Intensität der Gefühle ist nur mühsam aufrechtzuerhalten. Zu irgendeinem Zeitpunkt verändert sich der Rythmus, das richtige Leben holt die Liebenden ein – Entscheidungen müssen getroffen und Kompromisse eingegangen werden. .

Die Schritte lernen

Bist du aufmerksam? Schenkst du deinem Partner genügend Aufmerksamkeit oder nehmt ihr euch als selbstverständlich? Kommuniziert ihr wirklich miteinander oder schlagt ihr nur den Tag tot? Stress im Job kann bedeuten, dass Arbeitszeiten

Für diejenigen, die die Tanzschritte guten Herzens lernen, kann die Beziehung lohnender sein.

überhand nehmen. Die Herausforderungen beim Erziehen der Kinder und dem Führen des Haushalts zollen ihren Tribut. Die Leidenschaft der Beziehung verblasst und als Paar fragt man sich, ob die Verbindung lediglich auf körperlicher Anziehung beruht. Wo liegen eure Prioritäten? Fragt euch, was ihr zu tun bereit seid, um einen Wandel zu ermöglichen.

Es gibt diesen romatischen Mythos, Beziehungen seien auf ‚glücklich bis ans Ende ihrer Tage' gebaut. Die Realität jedoch ist komplizierter.

Denkst du ‚wir' oder ‚ich'? Egal, wie viele Menschen du danach fragst, was sie mit Glück meinen, alle werden dir sagen, dass sie es mit Ruhe, Gelassenheit, einem Gefühl der Euphorie oder einem Gefühl der Zugehörigkeit verbinden. So ein Stadium in einer Beziehung zu erreichen, dauert Zeit. Der Unterschied zwischen dem Aufbau einer Beziehung und dem nebeneinander her Leben liegt im Willen, die Bedürfnisse des anderen zu respektieren und ein Fundament für gegenseitiges Einvernehmen zu bauen. Wenn ihr eine Auseinandersetzung habt, gewinnt dann die Liebe oder lässt dein verletzter Stolz dich eine Wand des Widerstands hochziehen? Denkst du in Bahnen wie ‚meine Bedürfnisse gegen deine' oder liegt der Fokus auf ‚was sind unsere Bedürfnisse'? Für diejenigen, die die Tanzschritte guten Herzens lernen, kann die Beziehung lohnender sein.

Bist du bereit, glücklich zu sein? Die Suche nach Liebe beginnt vielleicht als eine Suche nach Perfektion. Um glücklich mit jemandem zu sein braucht es jedoch in der Regel ein wenig Anpassung und Willen zum Kompromiss. Frage dich, was du am meisten an der Person, mit der du zusammen bist, liebst. Was wollt ihr gemeinsam aufbauen? Könnt ihr eure Stärken und Unterschiede schätzen? Verfolgt ihr gemeinsame Ziele? Habt ihr ähnliche Wertvorstellungen? Sei ehrlich zu dir – und achte auf den Rythmus deines Herzens.

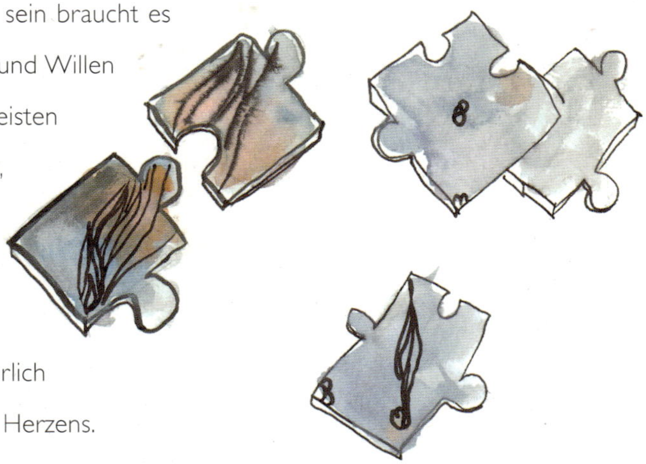

Ein Risiko eingehen

„Du kannst dich nicht vor Traurigkeit schützen, ohne dich gleichzeitig auch vor Freude zu schützen."

Jonathan Safran Foer

Hast du den Mut, die Person, von der du denkst, dass du sie im Moment bist, loszulassen, um dein Glück zu finden? Bist du tapfer genug, ein erfülltes Leben zu führen? Einen Großteil unseres Lebens verbringen wir vielleicht in der Komfortzone von Vertrautheit und Sicherheit. Wir glauben, dass wir dadurch vor Unglück und Scheitern sicher sind. In Wahrheit aber werden wir immer ängstlicher, je sicherer wir uns fühlen. Unvertrautes wird plötzlich sehr beängstigend. Ein sehr sicheres Leben kann so ein sehr ängstliches Leben sein, das in sehr begrenzten Bahnen abläuft. Glück kann sich zu Unglück wandeln, weil wir kein erfüllendes Leben führen. Interessanterweise lernen wir am meisten, wenn wir riskieren zu scheitern – und die Chance auf Glück steigt, wenn wir uns danach zu strecken beginnen.

Manchmal sind wir so eng mit einem Bild von uns verbunden, dass wir nicht merken, dass es uns einschränkt.

Was hat du zu verlieren?

★ Was ist deine Einstellung zu neuen Situationen? Lässt du dich vollends auf sie ein und machst dir erst dann Gedanke über die Konsequenzen? Oder versuchst du's erst garnicht, weil du keinen Misserfolg riskieren möchtest? Was auch immer deine Einstellung ist, such dir eine neue Herausforderung und entscheide dich diesmal so, wie du dich normalerweise nicht entscheiden würdest. Wenn du risikoscheu bist, sag einfach ‚Ja' zu der Gelegenheit. Wenn du normalerweise springst, bevor du denkst, such dir diesmal Rat oder mache einen Plan. Die neue risikofreudige Person stellt vielleicht fest, dass sie wagemutiger ist, als sie dachte. Die neue planungssichere Person dagegen realisiert eventuell, dass sie – bestens vorbereitet – noch höher hinauf kommt.

★ Welche Rolle spielst du? Manchmal sind wir so eng mit einem Bild von uns verbunden, dass wir nicht merken, dass es uns einschränkt. Mit welchen Worten beschreibst du dich?Bist du schüchtern, sportlich, clever, hoffnungslos im Bereich x,y oder z? Woher kommen diese Glaubenssätze? Sind sie wirklich wahr? Welche Dinge wagst du nicht, weil du dich nicht in der Rolle siehst? Wie fühlt es sich an, wenn du dich mit anderen Worten beschreibst, z.B. mutig, talentiert, zäh, sportlich, attraktiv, musikalisch, gesellig, glücklich. Das Gehirn schätzt eine klare Richtungsvorgabe und wird deine neuen Anweisungen befolgen, wenn du sie eine Zeitlang immer wiederholst.

Aus Glück kann Unglück werden, weil wir kein erfülltes Leben führen.

Unser Bestes geben

Es gibt viele verschieden Arten von Gück, aber das am schwierigsten errungene ist das, das aus extremer Anstrengung heraus resultiert. Wir haben etwas Neues gelernt, ein langfristiges Ziel erreicht, mit uns oder unserer Umgebung gekämpft – und gewonnen. Das Beste geben und daraufhin unser erhofftes Ziel erreichen, bringt langfristige Freude. Es ist ein Zustand des Glücks, den wir uns wirklich verdient haben.

Die Freude der Freundschaft

„Ungeteiltes Glück kann kaum Glück genannt werden; es schmeckt nach nichts."

Charlotte Brontë

Wissen deine Freunde, dass du sie so hoch schätzt? Vielleicht ist es an der Zeit, sie es wissen zu lassen.

Laut wissenschaftlicher Studien zeigen Teenager größeres Selbstbewusstsein, mehr Motivation, Charakterstärke und Freude, wenn sie mit ihren Freunden zusammen sind. Interessanterweise gilt dies auch für Erwachsene. Wenn Erwachsene Zeit mit ihren Freunden verbringen, sind sie glücklicher, als wenn sie nur mit ihrem Partner und den Kindern zusammen sind.

Freunde sind ein wichtiger Bestandteil des Glücks. Sie nehmen an unserem Leben teil, helfen uns dabei, unsere Träume zu formen und sie zu erfüllen. Sie lachen mit uns, trösten uns, feiern mit uns – und geben uns Schub, wenn wir uns nicht gut fühlen. Freunde sind Teil unserer Geschichte und unserer Reise. Sie erinnern uns daran, wer wir sind, wenn wir vom Weg abgekommen sind.

Aber Freundschaften müssen gepflegt werden, damit sie wachsen können. Sie können nur zu leicht aufgrund unbeabsichtigter Nachlässigkeit verkümmern. Gerade wenn wir älter werden und sich der Alltag oder unsere Familie zu sehr in den Vordergrund drängen.

Freundschaften pflegen

Der Runde Tisch der Freundschaft. Wessen Freundschaft schätzt du und warum? An wen würdest du dich in einer Krise wenden – an wen, um Spaß zu haben? Denk an deine Freunde so, wie an

König Artus' Ritter der Tafelrunde: wer würde dort mit dir sitzen? Warum? Rufe dir jede/n Freund/in ins Gedächtnis und frage dich, warum du die Person schätzt und ob du genug dafür getan hast, sie das wissen zu lassen. Wissen deine Freund/innen, das du sie so hoch schätzt? Vielleicht ist es an der Zeit, sie es wissen zu lassen.

Was macht gute Freunde aus? Wenn du über dich im Bezug auf deine Freunde nachdenkst, magst du, was du siehst? Hast du immer ein offenes Ohr? Bist du ein Anführer, der Dinge passieren lässt? Sorgst du dich und ebnest den Weg? Wovon könntest du noch mehr tun, um die Menschen glücklich zu machen? Was könntest du sein lassen?

Bleib im Kontakt und überlass das nicht dem Zufall. Sei immer sicher, dass du alle Adressen deiner Freunde vorliegen hast. Im Facebook-Zeitalter ist es leichter, mit Menschen in Kontakt zu bleiben – es ist allerdings nicht genug, hier und da mal auf einen Post zu reagieren oder die eine oder andere eigene Neuigkeit zu veröffentlichen. Sprechen, Schreiben und Treffen haben größeren Einfluss auf das Wachsen deiner Freundschaften.

Freundschaften müssen gepflegt werden, damit sie wachsen können.

Sich um andere kümmern

„Glück ist ein Parfum, das du nicht auf anderen verteilen kannst, ohne auch selbst etwas davon abzubekommen."

Ralph Waldo Emerson

Sich um andere zu kümmern bringt kurzfristig Dankbarkeit und langfristig Glück.

Viele Eltern werden sagen, die größte Quelle der Freude und des Glücks ist es, sich liebevoll um ihre Kinder zu kümmern. Mütter machen eine körperliche und emotionale Veränderung durch, um zu gebären. Das trägt zur speziellen Bindung der liebenden Fürsorge bei, die sie fühlen. Für viele ist die Rolle des Vaters, der Mutter, des Versorger, Pflegers – in welcher Form auch immer – nicht nur eine persönliche Rolle, sondern ihr Hauptdaseinsgrund und ein Lebenszweck.

Sich um andere kümmern ist Bestandteil vieler Berufe. Krankenschwestern, Pfleger, Lehrer und Sozialarbeiter haben sich alle für Berufe entschieden, bei denen die Belange von anderen im Mittelpunkt des täglichen Lebens stehen. Freude kommt hier nicht unbedingt durch die Aufgabe selbst (die sehr anspruchsvoll und erschöpfend sein kann) auf, sondern durch den Sinn und Zweck, die Zugehörigkeit und den Dank, der im Gegenzug zurückkommt.

Sich um andere zu kümmern bringt kurzfristig Dankbarkeit und langfristig Glück. Es kann sein, dass ein Kind sein Leben lang braucht, um zu verstehen, wie liebevoll es umsorgt wurde. Eine ältere Person ist eventuell zu sehr durch Schmerzen beeinträchtigt, um zu merken, wer sich um sie kümmert – bis der Schmerz vergeht. Lehrer bekommen wahrscheinlich nie den Dank, der ihnen gebührt, sind aber vielleicht zufrieden, wenn Schüler gute Examensarbeiten schreiben oder jemand, den sie einst unterrichtet haben, später professionellen Erfolg hat.

Das selbstsüchtige Geschenk der Uneigennützigkeit

* Wie einfach findest du es, die Bedürfnisse von anderen deinen überzuordnen? Wie glücklich lässt dich das fühlen?

* Wann hast du dich zum letzten Mal um jemanden gekümmert, ohne Dank dafür zu erwarten. Hat das Wohlbefinden deinen Wunsch nach Dankbarkeit überwogen?

* Denk an drei Dinge, egal ob groß oder klein, die du heute für jemanden tun könntest. Schreibe sie auf und verspreche mit glücklichem Herzen das zu tun, was du sagst.

Verspreche mit glücklichem Herzen das zu tun, was du sagst.

KAPITEL 5

Ein glückliches Leben führen

Operation Heiterkeit

„Wir alle leben mit dem Ziel, glücklich zu sein. Unsere Leben sind alle unterschiedlich – und dennoch gleich."

Anne Frank

Glück ist genau so unsichtbar, wie Elektrizität und genau so kraftvoll. Wir können den Einfluss fühlen und sehen, trotzdem wird jeder die Auswirkungen anders beschreiben. Wenn glückliche Menschen lachen oder reden, kann ihr Glanz einen Raum erhellen. Ihre Wärme lässt alle toleranter über andere Ansichten und Schwächen nachdenken. Wenn wir glücklich sind, leuchten wir – und mehr Dinge scheinen möglich.

Aber Glücksgefühle sind leicht zu vertreiben – in dem Moment, in dem wir uns dazu entschließen, Dingen außerhalb unseres Kontrollbereiches Wichtigkeit beizumessen, setzen wir unser Glück auf's Spiel. Wir beginnen, uns auf das zu konzentrieren, was wir möchten und wenn wir es nicht bekommen, sind wir enttäuscht. Wenn das Erreichen des Ziels oder die Erfüllung des Wunsches wichtig für uns als Individuum ist, fällt es schwer, sich nicht als minderwertig zu fühlen, wenn die Dinge sich anders als geplant entwickeln. In diesen Momenten kann es sich so anfühlen, als wäre das Glück für immer verloren.

Was können wir tun, um das Ruder wieder herumzureißen? Wie ist es möglich, dass manche Menschen zufrieden ihr Leben leben, egal, was passiert? Und andere – gebeutelt von Enttäuschungen – fühlen sich konstant vom Leben allein gelassen.

Es gibt im Leben auch immer mal wieder traurige und enttäuschende Abschnitte. Das gerade aktuelle Unglück kann Wellen aussenden und sich so mit den traurigen Momenten der Vergangenheit verbinden. Diese

Erinnerungen lassen uns unser Leben nur noch im Schatten von Angst und Verlust erleben – so, als wäre unser ganzes Leben ein einziges Versagen. Jede Enttäuschung kann körperliche und persönliche Auswirkungen haben – obwohl die ursprüngliche Ursache der Trauer längst der Vergangenheit angehört.

Wenn wir glücklich sind, leuchten wir – und mehr Dinge scheinen möglich.

Die Gefahr ist groß, dass wir, wenn Trauer und Schmerz uns fest im Griff haben, aus Gründen des Selbstschutzes so hohe Mauern um uns ziehen, dass andere uns nicht mehr erreichen können. Dann sind wir nicht nur unglücklich, sondern auch noch allein. Für einige Menschen ist das katastrophal. Sie werden eher versuchen, den Schmerz zu betäuben, als ihn weiter auszuhalten.

Aber das muss nicht so sein. Wir können uns auf die unangenehmeren Zeiten vorbereiten, indem wir uns positive Gedanken zu eigen machen. Wir werden widerstandsfähiger und verständnisvoller. Eleanor Roosevelt hat einmal gesgt: „Eine Frau ist wie ein Teebeutel. Sie weiß nicht, wie stark sie ist, bis du sie in heißes Wasser legst." Das gleiche gilt natürlich auch für Männer.

Begeisterung und Sinnhaftigkeit

„Optimismus ist von unschätzbarem Wert für ein sinnvolles Leben. Mit dem festen Glauben an eine positive Zukunft kannst du dich allem stellen, das größer ist, als du selbst."

Martin Seligman

Professor Martin Seligman hat sein Berufsleben dem Umdeuten der Art, wie Psychologie gesehen und genutzt wird, gewidmet. Er steht an der Spitze derer, die das Konzept des ‚Positiven Denkens' entwickelt und so das Arbeitsfeld der Psychologie erweitert haben. Dies Konzept beinhaltet den Grundsatz, sich nicht nur auf die Menschen zu konzentrieren, die unter Depressionen oder Ähnlichem leiden, sondern auch Menschen glücklicher zu machen, denen es bereits gut geht.

Laut seiner Forschung gibt es drei Haupttypen glücklichen Lebens:

* Das angenehme Leben. Die Suche nach Möglichkeiten, ein rundum frohes Leben zu leben (suche nach positiven Einflüssen und Entwicklung positiver Emotionen, um unsere Erfahrungen zu verbessern).

* Das gute Leben. Ein Leben voller Engagement – in der Art, wie wir arbeiten oder unser Familienleben gestalten (wisse um deine Stärken und nutze sie dazu, im Flow zu leben).

* Das sinnvolle Leben. Setze deine besonderen Fähigkeiten und Talente zum Wohle aller ein.

Ein Leben voller Begeisterung und Sinnhaftigkeit führt zum Vergnügen – aber ein vergnügliches Leben allein genügt nicht, damit du dein Glück findest. Das liegt daran, weil wir uns an Annehmlichkeiten gewöhnen. Das euphorische Gefühl verblasst, wenn Vergnügen ständig ohne Begeisterung und Sinnhaftigkeit erlebt wird. Denn: Das erste Stück Schokolade schmeckt köstlich und verleitet dich dazu, mehr zu essen. Sobald du aber die ganze Tafel gegessen hast, kannst du dich an den Geschmack des ersten Stücks nicht mehr erinnern und fühlst dich wahrscheinlich relativ unwohl.

Martin Seligman hat herausgefunden, dass der Unterschied zwischen Optimisten und Pessimisten in deren Annahme begründet liegt, wie lange etwas Negatives andauert. Ein Pessimist meint, dass der negative Einfluss ein Leben lang anhält. Der Optimist aber glaubt, dass das Negative zeitlich begrenzt ist und nicht unbedingt Einfluss auf Zukünftiges haben muss.

Mach dich fit für's Glück

„Ein Bär, egal wie hart er es versucht, wird kugelrund ohne Sport."

Winnie-the-Pooh

Sport ist in vielfacher Hinsicht gut für dich. Er verleiht deinem Körper Spannkraft, hält dich gesund und beflügelt deine Laune, was dir wiederum Selbstwertgefühl und Selbstvertrauen verleiht. Und: wenn wir uns gut fühlen, sind wir glücklicher – und das führt zu einem positiven Gemütszustand.

Sport ist eine gute Möglichkeit, deine Laune zu verbessern und deine Gefühle in Einklang zu bringen.

In der Traditionellen Chinesischen Medizin (TCM) wird die Lebenskraft und -energie ‚chi' genannt. Unser ‚Chi-Level' hat großen Einfluss auf unser Wohlbefinden und unsere Organe. Wenn wir glücklich sind, vergrößert sich unser ‚Chi-Level': der Körper arbeitet gesünder, ein positiver Kreislauf entsteht. In der westlichen Medizin wird die Höhe von Endorphin, Serontonin, Dopamin und Adrenalin gemessen, die der Körper produziert. Deren Menge vergrößert sich, wenn wir glücklich sind. Sie helfen uns dabei, uns gut zu fühlen, gut auszusehen und gesünder zu leben.

Wenn wir uns schlecht fühlen, passiert genau das Gegenteil. Wir tendieren dann dazu, uns schlecht zu ernähren, werden langsam und kraftlos. Unser Blut fließt langsam, was bedeutet, dass unser Körper nicht korrekt arbeitet und keine Gifte ausscheidet. Die Anzahl der Glückshormone sinkt, das ‚Chi-Level' nimmt ab, unser Körper kommt aus dem Gleichgewicht und wir fühlen uns matt, traurig oder depressiv.

Schon 30 Minuten Sport genügen, um die depressive Verstimmung zu lindern, bzw. Freude und Selbstwertgefühl zu steigern. Sport ist eine gute Möglichkeit, deine Laune zu verbessern und deine Gefühle in Einklang zu bringen.

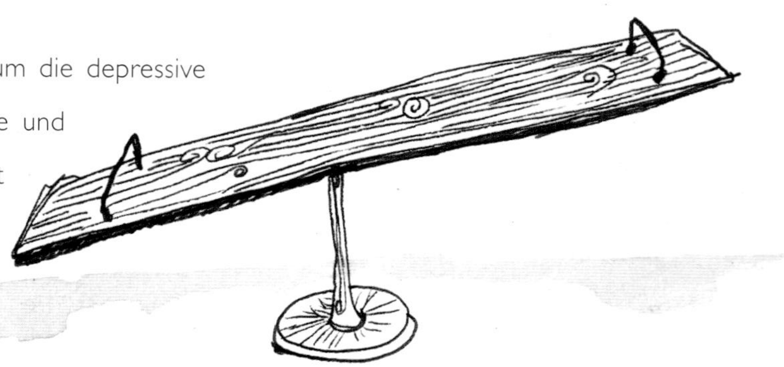

Stimmungsbomben

Hast du genug Bewegung? Mach jeden Tag ein paar flotte Spaziergänge mit dem Hund um den Block – das ist schon mal ein guter Start. Das Herz ist eine Pumpe, die am besten arbeitet, wenn sie gefordert wird. Wenn dein Blut ordentlich durch deinen Körper zirkuliert, werden alle wichtigen Organe unterstützt. Abfall- und Giftstoffe werden entsorgt und der Sauerstoffgehalt in Körper und Gehirn steigt.

Viele komplementäre Therapieformen konzentrieren sich auf steigende ‚Chi-Level' und darauf, den Körper zurück in die Balance zu bringen. Aroma- und Reflexzonentherapie, Reiki und Akupunktur – all diese Techniken können dabei behilflich sein, Energieblockaden zu lösen und den Geist zu entspannen. Wenn du körperliche Anspannung und Stress reduzieren möchtest und im Gegenzug Konzentration und Fokus fördern möchtest, können Yoga und Atemarbeit sehr hilfreich sein. Ruhige Heilprozesse in Verbindung mit regelmäßigem Ausdauertraining machen Herz und Lungen fit und der Sauerstoffgehalt im Blut steigt, weil es schneller und freier fließt. Dopamin, Endorphin und Serotonin werden freigesetzt.

Wenn dein Blut ordentlich durch deinen Körper zirkuliert, werden alle wichtigen Organe unterstützt. Abfall- und Giftstoffe werden entsorgt.

Setz eine andere Brille auf

„90 Prozent der langfristigen Glücksgefühle werden nicht durch das beeinflusst, was mit uns geschieht, sondern dadurch, wie unser Gehirn die Welt verarbeitet."

Shawn Achor

Shawn Achor ist der Autor des Buchs ‚The Happiness Advantage' und Geschäftsführer von GoodThink Inc. Seine Arbeit stellt die konventionelle Erfolgsformel auf den Kopf. Statt dass wir Glück und Befriedigung durch harte Arbeit erlangen, glaubt er daran, dass Glück unser Vermögen für harte Arbeit stärkt. Seine Studie zum Zusammenhang von Glückslevel und Produktivität hat nicht nur Einfluss auf Einzelne, sondern auf Unternehmen und das Finanzwesen gehabt. Achor hat mit Geschäftsführern in über 45 Ländern gesprochen und ihnen Beweise dafür aufgezeigt, dass Glück sich positiv auf die Produktivität und damit den Zustand der Wirtschaft auswirkt.

Während seiner Arbeit an der Studie hat Achor herausgefunden, dass die Mehrzahl der Menschen viel Zeit darauf verwenden, sich auf Wettbewerb, Ärger, Nachteile und Probleme zu konzentrieren, statt auf die Vorteile und Möglichkeiten zu schauen, die sie haben könnten. Wir müssen eine andere Brille aufsetzen, durch die wir die Welt im Bezug auf die Neuausrichtung unserer Eindrücke mit positiverer Perspektive sehen.

Im Verlauf eines einfachen Experiments hat er festgestellt, dass die Gewohnheit, jeden Tag drei neue Dinge aufzuschreiben, für die man dankbar ist, sich innerhalb von nur drei Monaten positiv auf das Gehirn auswirkt. Positives Denken sendet einflussreiche Wellen aus, die der Welt die Möglichkeit eröffnen, glücklicher zu sein – uneingeschränkt.

Wenn wir glücklich sind, sind wir produktiver. Wenn wir zufrieden im Hier und Jetzt sind, kann unser Gehirn effizienter arbeiten. Wenn wir glücklich sind, erhöht sich der Dopamingehalt im Blut auf natürliche Art und Weise und lässt das Gehirn die Welt in positiverem Licht sehen.

Glück erfassen

„Ein Werk der Schönheit ist ein Glück für immer."

John Keats

Jeden Tag des Jahres steigen Tausende von Pendlern im U-Bahnhof Clapham Junction im Süden von London um. Mehrere Bahnsteige zeigen nach Westen und so kommt es, dass viele Menschen im Herbst einen wunderbaren Sonnenuntergang zu sehen bekommen könnten, während sie auf ihre Bahn warten. Die Mehrheit aber schaut mit dem Gesicht nach unten auf Smartphone, Buch oder Zeitung. Wenn sie nur für einen kurzen Moment nach oben sehen würden, könnten sie etwas so Schönes sehen, das all ihre Sorgen, die sich den Tag über angesammelt haben, sofort lindern könnte.

Vieles davon, was uns glücklich macht, wird mit unseren Sinnen erfasst. Augen, Ohren, Geschmacksnerven und das physische Bewusstsein senden Nachrichten ans Gehirn. Diese Vorgänge helfen uns dabei, Erinnerungen zu verstauen – oder in Millisekunden wieder aufzurufen. Ein bestimmtes Parfum zaubert eine spezielle Freundin herbei, der Duft einer Blume oder eines Baums versetzt dich zurück in den Urlaub, ein Lied erinnert dich an den Moment, an dem du es zum ersten Mal gehört hast, der Geschmack einer Frucht lässt dich an ein Essen mit Freunden denken, der Aufenthalt im Flughafen erinnert dich daran, in ähnlicher Umgebung auf jemanden gewartet zu haben.

Wenn du erst einmal verstanden hast, welche Auslöser, z.B. Erinnerungen, deine Glücksgefühle anschubsen, kannst du damit anfangen, dein Leben zu ändern.

Wir sprechen, um Gedanken und Gefühle zu äußern, aber das Stimulieren unserer anderen Sinne kann jede Menge Erinnerungen hochkommen lassen oder auch einfach dazu genutzt werden, ganz unmittelbar deine Stimmung zu ändern. Natürlich hat auch ein Reizentzug Einfluss darauf, wie wir das Leben wahrnehmen – und auf unser Wohlbefinden generell.

Nimm dir einen Moment Zeit, um die folgenden Fragen zu beantworten:

* Wie fühlt sich Glück für dich an?
* Wie sieht es aus?
* Welche Farbe hat es?
* Wie hört es sich an?
* Wie schmeckt es?

Wenn du an deine momentane Umgebung denkst, welche Sinne sind dann gerade glücklich stimuliert und welche verhungern? Falls du Musik magst: Wann hast du zuletzt deine Stereoanlage so weit aufgedreht, dass du deine Musik laut genug genießen konntest? Wenn Glück heisst, jemandem nah zu sein, wann hast du dann das letzte Mal jemandem, den du magst, fest umarmt? Wenn du gerne isst, wann hast du dann das letzte Mal ein Essen für Freunde zubereitet? Dein Glück hat die Farbe grün? Nimmst du dir dann die Zeit für einen langen Waldspaziergang? Wenn Freude so aussieht, wie jemand, der auf dem Weg ist, ein Haus zu besitzen, was brauchst du, um diesen Wunsch realisieren zu können? Wenn du erstmal verstanden hast, welche Auslöser, z.B. Erinnerungen, deine Glücksgefühle anschubsen, dann kannst du damit anfangen, dein Leben zu ändern.

Belebe deine Sinne neu

Die heilende Kraft der Farben. Hast du eine Lieblingsfarbe? Kennst du Farben, die deine Stimmung beeinflussen?

Farbe entsteht, wenn Lichtwellen verschiedener Frequenzen absorbiert oder reflektiert werden. Unser Gehirn übersetzt die Frequenzen mithilfe der Zapfen (‚Farb-Sender') im Auge in die Farbe, die wir sehen. Viele alternative Heiler setzen Farben im Genesungsprozess ein. Helle Farben werden zur Verkaufsförderung eingesetzt – gelb z.B. soll den Hausverkauf unterstützen.

Hebe die Schwingung deines Tages, indem du etwas helles, farbiges anziehst.

Warum also, wenn wir doch so viele wunderbare Farben zur Auswahl haben, bestehen die meisten Leute darauf, schwarz zu tragen? Schwarz ist die Farbe der Zweckmäßigkeit und der Begräbnisse – und des Stils. Helle Farben passen zu Karneval, Gärten, Sommertagen und Partynächten. Farben erzählen von unserer seelischen Verfassung und unserer Stimmung. Wenn du ein wenig genervt bist, widerstehe der Versuchung, deine Stimmung zu tarnen, indem du schwarz trägst. Hebe statt dessen die Schwingung deines Tages, indem du etwas Helles, Farbiges anziehst. Nicht nur wirst du dich wahrscheinlich heiterer fühlen, sondern auch werden die Menschen um dich herum den hellen Farbspritzer bemerken und begrüßen.

Die Magie der Musik. Musik bewegt Menschen. Sie kann beflügeln und dich unter Strom setzen – und sie kann Trauer oder Romantik auslösen. Mir wurde mal zum Dank eine CD von einem jungen Klienten geschenkt. Es war ein Mix seiner Lieblingssongs aus alten Musicals, wie z.B. ‚Probier's mal mit Gemütlichkeit' und ‚Singing in the rain.' Er hat die CD ‚Ein Geschenk des Glücks' genannt und das war sie auch. Ich musste beim Hören die ganze Zeit lachen.

Was ist deine Top Ten der Glückstracks? Versuche, sie aufzuschreiben. Überlege dir, eine Mix-CD zu erstellen, die dir sofort Glücksgefühle macht, wenn du sie brauchst.

Feiere dein Leben

„Glück ist kein Ziel … es ist das Nebenprodukt eines gut gelebten Lebens."

Eleanor Roosevelt

Eine enge Freundin hat kürzlich einen runden Geburtstag gefeiert und sich dazu entschlossen, alle ihre Freundinnen aus allen Lebensphasen zu einer riesigen Tanz-Party einzuladen. Ihr Ehemann und die Kinder spielten die Gastgeber und es wurde ein fröhlicher, urkomischer Abend, der sich über's gesamte Wochenende hin zog. Sich im Zimmer umzusehen, war so, als ob man sich ein Foto der verschiedenen Stadien ihres Lebens in Form eines Mikrokosmos ansah.

Altern hat sehr wenig mit dem Lauf der Jahre zu tun, sondern stattdessen mit der Art, wie dein Geist beschaffen ist.

Einige Monate später wurde ein Hirntumor bei ihr festgestellt. Sie ging mit der ihr eigenen positiven und mutigen Haltung durch diese schwere Zeit und ist glücklicherweise mittlerweile wieder völlig genesen. Auf ihr Leben – und das letzte Jahr – zurückschauend, sagte sie: „Ich war so glücklich auf meiner Party. Ich habe alle meine Freundinnen versammelt gesehen und habe gedacht: Alles ist gut. Ich habe alles richtig gemacht. Mein Leben ist lohnenswert. Ich liebe meine Familie. Mein Mann und ich genießen unser Leben. Meine Kinder sind glücklich und leben bald ihr eigenes Leben. Und ich bin von Freunden umgeben, die ich liebe und die mich durch alle Höhen und Tiefen begleitet haben. Ich habe so ein Glück und bin so froh mit meinem Leben."

Sie konnte die Wichtigkeit dieses einen Momentes bemerken und wertschätzen. Sie erkannte, dass alle Entscheidungen, die sie im Laufe ihres Lebens getroffen hatte, genau zu diesem Moment geführt hatten. Sie hatte die Party nicht als Rückschau ausgerichtet, sondern, um Spaß zu haben, sich an der Anwesenheit all ihrer Freundinnen zu erfreuen und die Mitte ihres Lebens zu feiern. Sie bemerkte, wie glücklich sie war und dass ihr Leben bis dahin vollkommen war.

Umarme das Alter

Es liegt wahre Schönheit in einem ‚gelebten' Gesicht. Jede Linie und Falte erzählt eine Geschichte. Viele ältere Menschen glänzen ganz zart – das schafft kein Make-Up. Das ist die Weisheit der Jahre, entstanden durch das Verstehen des Wesens der Liebe und die gesammelten Erfahrungen. Altern hat sehr wenig mit dem Lauf der Jahre zu tun, sondern stattdessen damit, wie dein Geist beschaffen ist. Älter werden kann Freiheit, Lachen und Spaß bedeuten.

Feiere die guten Zeiten. Kindern fällt es leicht, zu feiern. Ein Geburtstag bedeutet Leckereien, Kerzen, Spiele und Geschenke. Feiern sind Rituale zu Ehren der Meilensteine des Lebens – sie sind ein Übergangsritus, der eine neue Lebensphase einläutet. Besser, als diese Momente zu ignorieren, ist, sie zum Anlass zu nehmen, über deine Reise bis hierhin nachzudenken.

Lebe deine Träume. Viele Menschen richten ihre Leben sicherer aus, wenn sie älter werden. Verständlicherweise – fühlen sie sich doch verletzlicher und weniger energiegeladen. Dabei gibt es überall auf der Welt Beispiele von mutigen 90-jährigen Menschen, so wie es auch 40-jährige gibt, die sich bereits von ihrer Jugend verabschiedet haben. Hast du einen Traum, den du an die Seite gepackt hast, als du jünger warst? Staub ihn ab und konzentrier dich von neuem auf ihn.

Freu dich auf deine Zukunft. Wenn du zurück schaust, welche deiner Entscheidungen kannst du respektieren? Und was bereust du nie getan zu haben? Wertschätze dein Leben, indem du die Möglichkeiten, die sich dir bieten, ergreifst. Wie immer du dich entscheidest, schiebe als Entschuldigung nicht das Alter vor.

KAPITEL 6

Was macht dich glücklich?

Was bedeutet Glück für dich?

„Glück ist ein warmer Welpe."

Charles M. Schulz

Wir fühlen uns am besten, wenn unser Leben ausgeglichen ist. Das Glücksgefühl stellt sich von alleine ein, sobald wir zufrieden sind und uns wohl in unserer Haut fühlen. Wenn der Glaube an uns selbst und die Zuversicht steigen, denken wir kreativer, kümmern uns besser um uns und fühlen uns gut aufgehoben. Auch unsere Produktivität wird positiv beeinflusst. Manchmal aber sind wir so beschäftigt damit, beschäftigt zu sein, oder uns um die Belange anderer zu kümmern, dass wir unsere eigenen Bedürfnisse vergessen. Passiert dies zu oft, kann es sein, dass wir uns nach und nach nicht mehr mit uns selbst verbunden fühlen.

Jeder Einzelne von uns erlebt die Welt auf seine eigene, einzigartige Weise. Diese Einzigartigkeit ist es, die Menschen interessant und das Leben lebenswert macht. Aber sie ist auch der Grund, warum jeder nur auf seine ihm eigene Art und Weise glücklich werden kann.

Glück bedeutet die unterschiedlichsten Dinge für die unterschiedlichsten Menschen. Es kann bedeuten, du selbst zu sein; Spaß zu haben; andere zu lieben; ein Freund zu sein; einen zur Zufriedenheit erledigten Job zu schätzen; zu wissen, dass du dein Bestes gegeben hast; dich geliebt und geschätzt zu fühlen; deine Hobbies zu lieben; neue Fähigkeiten zu entdecken; neue Entdeckungen zu machen; die Welt zu akzeptieren, wie sie ist; dich zugehörig zu fühlen, dort, wo du gerade bist.

Glück kann dir nicht von jemandem (oder durch etwas) gegeben werden – es hat seinen Ursprung in dir. Freude wächst, wenn wir sie in unser Leben einladen – und damit das möglich wird, ist es wichtig, zunächst ein wenig Zeit darauf zu verwenden, um zu klären, was genau Glück für dich ist.

Freude finden

Glück transportiert kraftvolle Energie, die geteilt werden möchte. Sein Kraftfeld zieht andere Menschen an und macht auch sie glücklich. In den Momenten, in denen wir uns weniger glücklich fühlen, denken wir schnell, wir müssten große Veränderungen vorantreiben, um die Situation zu ändern. Dabei sind es oft die kleinen Entscheidungen und Veränderungen, die den großen Unterschied machen. Jede Veränderung beginnt mit einem einzigen Schritt.

★ Überprüfe dein Wohlbefinden. Reflektiere die Phasen deines Lebens, die du bis jetzt vernachlässigt hast. Was hast du beiseite geschoben, das dein Herz erleichtern und dein Wohlbefinden steigern würde?

★ Stell dich neuen Herausforderungen. So wie eine Pflanze, die frisch beschnitten oder neu gepflanzt wurde, wachsen auch wir manchmal am kräftigsten, wenn wir einen Rückschlag erlitten, oder eine neues Leben begonnen haben.

★ Mach glückliche Pläne. Wir planen unsere Arbeit und notieren Geburtstage und andere wichtige Ereignisse im Kalender. Nur wenige Menschen jedoch setzen sich Ziele für's Leben. Die Entscheidung, was du erreichen willst, wo du hin willst und was du möchtest, was dein Erbe sein soll, kann dir viel Kraft geben.

★ Respektiere deinen Wunsch nach Routine. Alles in der Natur hat seinen Rhytmus. Der variiert zwar unterschwellig mit den Jahreszeiten, hat aber ein wiederkehrendes Muster.

★ Pass auf deine Gesundheit auf. Körper und Geist sind verbunden. Du wirst dich weniger belastet fühlen, wenn es deinem Körper gut geht und du ihn mit genug Schlaf, Essen und Sport versorgst.

★ Behandele dich respektvoll. Wenn wir unglücklich sind, können wir dazu tendieren, uns selbst schlecht zu behandeln, indem wir uns herabsetzen, ärgerlich werden oder andere wegstoßen.

★ Glaube an dich. Selbstvertrauen befähigt uns dazu, das Ergebnis zu erreichen, das wir uns wünschen.

★ Werde aktiv. Wenn du ein Ziel hast, gehe darauf zu. Konzentriere dich darauf, die Dinge zu ändern, die du ändern kannst.

★ Suche Akzeptanz – für die Dinge, die du nicht ändern kannst und die außerhalb deiner Kontrolle liegen.

★ Erkenne deine Gefühle an. Glück ist nichts, das du kaufen kannst; du kannst es nicht auf Wunsch ‚anschalten'; es kommt von Herzen – und vielleicht genau dann, wenn du es am wenigsten erwartest.

★ Wertschätze die Gegensätze in deinem Leben. Weiß sieht weißer aus, wenn es neben Schwarz steht, als wenn es neben Grau steht; Zeiten der Freude sind intensiver erlebbar, wenn du auch Zeiten der Trauer kennst.

★ Sei geduldig. Zu manchen Zeiten ist das Leben eine Herausforderung, die so schmerzhaft ist, dass es sich anfühlt, als ob du niemals mehr Glück empfinden wirst. Aber Geduld und Verständnis sind die Pfade zur Hoffnung. Es ist möglich, mit der Zeit wieder Freude zu empfinden.

★ Lass los. Von deinem Wunsch nach Kontrolle, nach Perfektion und von der Vorstellung, dass das Leben nach deinen Bedingungen gelebt werden sollte.

★ Sei im Hier und Jetzt. Schau dir bewusst das Gute, Positive und die Möglichkeiten im aktuellen Moment an.

Du musst dich entscheiden, glücklich zu sein. Nimm dir ein wenig Zeit und denke darüber nach, was Glück für dich bedeutet.

★ Sprich eine fröhliche Sprache. Der Gebrauch von Worten wie Spaß, Zufriedenheit, Frohlocken, Entzücken, Wonne oder Glückseligkeit sendet Signale, die das Herz erleuchten – dein eigenes und das der anderen.

★ Suche Rat. Wenn es dir nicht gut geht, suche nach jemandem, der dir durch die schwere Zeit helfen kann. Das kann ein Freund, Coach oder auch eine höhere Kraft sein.

★ Sei freundlich. Zu dir und anderen. Freundlichkeit und Freude sind Partner – wohin die eine führt, dahin folgt die andere.

★ Sei ehrlich mit dir. Das Glück liegt letztlich in unserer Fähigkeit, uns selbst zu akzeptieren, wie wir wirklich sind.

Freundlich sein

„Imagine"

John Lennon

Ein Glücksgeheimnis ist effektiver und entscheidender für's Wohlbefinden, als alle übrigen, und zwar: freundlich zu anderen zu sein – nicht nur, wenn dir danach ist, oder weil heute 'Welt-Freundlichkeitstag' ist, oder weil du dich gut fühlen möchtest, sondern weil es der einzig wahre Weg für uns ist, Glück in dieser Welt zu finden.

Im Sinne des Lennon-Songs über universelle Liebe und Hoffnung stell dir vor, wie es wäre, wenn jeder, zu jeder Zeit, immer nett wäre. Wir sprechen hier nicht von dieser zuckrigen, überkanditelten Freundlichkeit, die unangenehm ist. Wir sprechen von gewöhnlicher Güte; von Freundlichkeit, die schwer zu geben ist; vom Freundlich sein, bevor jemand zu dir freundlich war; vom Freundlich sein, weil es einfach richtig ist; davon, Freundlich zu sein, auch wenn du ein Gefühl der Abneigung gegen jemanden hast; von liebender und vergebender Güte.

Freundlichkeit ist der Kern des Glücks, denn wenn wir anderen Menschen helfen, fühlen wir uns gut. Freundlichkeit ist aber auch eine Energie: diejenigen, die Freundlichkeit empfangen, werden Freundlichkeit geben.

Beachte den gegenwärtigen Moment

„Statt den Duft der Rosen zu mögen und den Gestank von Mist zu hassen ... könntest du nicht einfach die Tatsache schätzen, dass du eine Nase hast?"

Buddhistische Weisheit

Dein zukünftiges Glück beginnt in diesem Moment. Gestern ist Vergangenheit. Nichts, was du sagst oder tust, ändert die Vergangenheit. Aber das Morgen und die folgenden Tage sind Neuland. Du kannst viel dazu beitragen, die Art und Weise, wie sich deine Zukunft entwickelt, zu beeinflussen.

Das Leben bewusst zu genießen setzt einen Akzent auf die Gegenwart. Es gibt unserem momentanen Handeln einen klaren Fokus und ermutigt uns dazu, darauf zu achten,was wir denken und zu überdenken, was wir tun und sagen.

Aufmerksamkeit für den gegenwärtigen Moment fördert die sorgfältige Beobachtung und Wertschätzung der Dinge, die um uns herum sind. Sie bringt uns näher in Kontakt mit unseren Gefühlen, unseren Reaktionen und unserer Intuition. Denn: es gibt keine Ablenkungen.

Dein zukünftiges Glück beginnt in diesem Moment.

Wenn wir die Gegenwart wertschätzen, können wir wählen, in diesem Moment glücklich zu sein. Wir erkennen mit jeder Sekunde, jeder Minute, jeder Stunde, die vergeht, dass wir genau hier, genau jetzt sind. Wir können wählen, die Zukunft – in welcher Weise auch immer – zu beeinflussen.

Richte deine Aufmerksamkeit auf das große Glück

„Die beste Gesellschaft ist die, die am glücklichsten ist; und die beste Politik ist die, die das größte Glück ermöglicht."

Professor Richard Layard

Dein zukünftiges Glück liegt in deinem Herzen, deinem Geist und deiner Seele. Mit deinen täglichen Gedanken, Träumen und Taten legst du dafür den Grundstock. Nur du weißt, wie dein Glück aussieht und wie es sich anfühlt. Manchmal hilft es, dir darüber Gedanken zu machen, welche Art von Zukunft du bevorzugst. Versuche, dich zu fragen:

- Ich bin am glücklichsten, wenn…
- Meine glücklichsten Erinnerungen sind…
- Die Menschen, die mich glücklich machen (und denen ich meine Wertschätzung zeigen möchte) sind…
- Meine Zukunftsvision von Glück sieht so aus, dass…
- Meine Taten für mehr Glück sind…
- Ich verdiene es, glücklich zu sein, weil…

Die Suche nach Glück

Danksagung

Mit herzlichem Dank an meine Freunde und Familie, insbesondere an Florence Hamilton für ihre Hilfe beim Schreiben dieses Buches. In dankbarer Anerkennung der Gespräche, die ich mit inspirierenden und talentierten Menschen geführt habe, deren Ansichten und Kenntnisse mir dabei geholfen haben, den Inhalt zu gestalten: insbesondere Tony Buzan, Prof. Tanya Byron, Bev James von der ‚Entrepreneurs' Business Academy' und Sir Ken Robinson. Mein großer Dank und meine Anerkennung geht an das Team von CICO Books, für das Nahebringen des Konzepts und für ihre immense Kreativität und Geduld – hier speziell: Cindy Richards, Clare Sayer, Helen Ridge und Anna Galkina. Besonderen Dank an Marion Paull für ihre Freundlichkeit und ihre großen herausgeberischen Fähigkeiten – und an Amy Evans für ihre charmanten Abbildungen.

Es gibt eine Vielzahl von Büchern, Videos und anderen Quellen über die Wissenschaft und die Wurzeln des Glücks. Ich liste hier einige davon auf, die ich inspirierend gefunden habe, während ich dieses Buch schrieb.

Bücher und Filme

Achor, Shawn: *The Happiness Advantage* (Virgin, 2011)
Bienkowski, Andrew: *One Life To Give* (Experiment, 2010)
Buzan, Tony: *Change now* (mvg-Verlag, 2006)
Csikszentmihaly, Mihaly: *Flow – Der Weg ins Glück* (Herder, 2010)
Dalai Lama u. Howard C. Cutler: *Die Regeln des Glücks* (Herder, 2012)
De Saint-Exupéry, Antoine: *Der kleine Prinz* (Karl Rauch Verlag, 1980)
Ferrucci, Piero: *The Power of Kindness* (Tarcher, 2007)
Frank, Anne: *Das Tagebuch der Anne Frank* (Fischer Verlag, 1992)
Frankl, Viktor: *Der Mensch vor der Frage nach dem Sinn* (Piper Verlag, 1979)
Gerhardt, Sue: *Die Kraft der Elternliebe* (Patmos, 2006)
Gibran, Kahlil: *Der Prophet* (dtv, 2002)
Gilbert, Dan: *Ins Glück stolpern* (Goldmann, 2008)

Hamilton, David R.: *Why Kindness Is Good For You* (Hay House, 2010)

James, Bev: *Do It! or Ditch It* (Virgin, 2011)

Kaufman, Barry N.: *Happiness is a Choice* (Ballentine, 1991)

Long, George (trans): *The Meditations of Marcus Aurelius* (Duncan Baird, 2006)

Milne, A.A.: *Pu, der Bär* (Dressler Verlag, 2009)

Mountain Dreamer, Oriah: *Die Einladung* (Goldmann, 2000)

O'Donohue, John: *Anam Cara* (dtv, 2010)

Pilkington, Doris: *Long Walk Home* (Miramax, 2002)

Rao, Srikumar: *Happiness at Work* (McGraw-Hill, 2010)

Robinson, Sir Ken: *In deinem Element* (Goldmann, 2010)

Rubin, Gretchen: *Das Happiness-Projekt* (Fischer Verlag, 2011)

Seligman, Dr. Martin: *Flourish – Wie Menschen aufblühen* (Kösel, 2012)

Siegel, Daniel: *Mindsight - Die neue Wissenschaft der persönlichen Transformation* (Goldmann, 2012)

Zander, Benjamin and Rosamund Stone: *The Art of Possibility* (Penguin, 2006)

Quellen

Die Suche nach dem ‚Authentischen Glück' findet an der Penn State University statt. Diejenigen, die an der Umfrage teilnehmen möchten, können sich kostenlos über die Webseite registrieren und eine Reihe von Fragebögen ausfüllen. *www.authentichappiness.sas.upenn.edu*

Das ‚The Pursuit of Happiness'-Projekt umfasst ein Online-Quiz und eine Reihe von ausführlichen Fragebögen, mit deren Hilfe die Faktoren, die das Glück beeinträchtigen können, gelistet und beurteilt werden sollen: *www.pursuit-of-happiness.org*

Die ‚TED: Ideas worth spreading'-Website enthält eine große Anzahl erhellender Videos (in deutscher und englischer Sprache) zu den unterschiedlichsten Themen: *www.TED.com.* Hier eine kurze Liste der Gespräche, die ich am meisten genossen habe:

Achor, Shawn "The Happy Secret to Better Work," Feb. 2012

Csikszentmihaly, Mihaly "Flow: The Secret to Happiness," Okt. 2008

Gilbert, Dan "The Surprising Science of Happiness," Sept. 2006

Rao, Srikumar "Plug Into Your Hard-wired Happiness," März 2010,

Robinson, Sir Ken "Ken Robinson Says Schools Kill Creativity," Juni 2006

Robinson, Sir Ken "Bring On the Learning Revolution," Mai 2010

Seligman, Dr Martin "The New Era of Positive Psychology," Juli 2008

Zander, Benjamin "The Transformative Power of Classical Music," Juni 2008

Referenzen

Viele der Zitate am Anfang der Kapitel habe ich auf www.goodreads.com gefunden. Die Originalquellen – wenn es mir möglich war, diese zu recherchieren – liste ich hier auf:

Seite 7: Die Unabhängigkeitserklärung kann hier eingesehen werden: The National Archives, *www.archives.gov*

Seite 24: Zitat aus *Das Wunder des Pfirsichgartens* von Sarah A. Allen (Goldmann)

Seite 25: Die Übung zum Thema Angst ist übernommen aus *Do It! or Ditch It* von Bev James (Virgin, 2011)

Seite 30: Aktuellere Daten gibt's hier *www.happiness360.org*

Seite 31: der Text über Bhutan ist inspiriert durch einen Artikel von Andrew Buncome im *Independent Magazine* (14.01.2012)

Seite 32: der ‚Glückliche-Planet-Index' ist hier zu finden *www.happyplanetindex.org*

Seite 36: verweist auf Rimer J, Dwan K, Lawlor DA, Greig CA, McMurdo M, Morley W, Mead GE. 'Exercise for depression'. Cochrane Database of Systematic Reviews 2012, Issue 7. Art. No.: CD004366. DOI: 10.1002/14651858.CD004366.pub5

Seite 41: Bärbel Mohr (1964-2010) war die Autorin von *Bestellungen beim Universum* (Omega) und anderen Titeln

Seite 61: Zitat ©Gretchen Rubin, Gründerin von ‚The Happiness Project', *www.happiness-project.com*

Seite 84: die Fotografien von Omar Havana's können hier angesehen werden *www.omarhavana.com*

Seite 98: Mackenzie, Susan ‚Sharing the Wealth: *The Sunday Times* Giving Index,' Juni 2007, Ausgabe 29